高校英语教学理论与实践探索

高培新◎著

全国百佳图书出版单位
吉林出版集团股份有限公司

图书在版编目（CIP）数据

高校英语教学理论与实践探索/高培新著. --长春：吉林出版集团股份有限公司, 2023.6
ISBN 978-7-5731-3807-1

Ⅰ.①高…Ⅱ.①高…Ⅲ.①英语－教学研究－高等学校Ⅳ.①H319.3

中国国家版本馆CIP数据核字(2023)第132071号

GAOXIAO YINGYU JIAOXUE LILUN YU SHIJIAN TANSUO
高校英语教学理论与实践探索

著　　者：高培新
责任编辑：欧阳鹏
封面设计：冯冯翼
开　　本：710mm×1000mm　1/16
字　　数：225千字
印　　张：12
版　　次：2023年6月第1版
印　　次：2023年6月第1次印刷

出　　版：吉林出版集团股份有限公司
发　　行：吉林出版集团外语教育有限公司
地　　址：长春市福祉大路5788号龙腾国际大厦B座7层
电　　话：总编办：0431-81629929
印　　刷：长春新华印刷集团有限公司

ISBN 978-7-5731-3807-1　定　价：72.00元
版权所有　侵权必究　　举报电话：0431-81629929

前　言

教育活动是基于实际需求而开展的，因此教育者需要对教育状态进行分析后做出策略与手段的调整，以便不断优化教学理念、教学内容与教学方法。本书从高校英语教学的基础理论入手，融合高校英语教学改革的先进理念与模式，介绍了创新高校英语教学发展的教学方法和教学策略，以期为高校英语教学发展提供一些理论和思路。

本书针对高校学生在理论与实践相结合的情境中学习英语，能够切实提高他们对于英语这一语言的掌握力和感悟力，帮助他们将英语运用到实践中去。为此，教师在教学中应该认识到理论与实践相结合是时代发展的需要，也是教学改革和学生成长的需要。教师应该重视理论的基础作用，合理选择实践方法，科学地将理论与实践结合起来，这样才能正确发挥出理论结合实践对于高校英语教学改革的促进作用。

在本书的编写过程中，笔者参阅了国内外大量的相关教材、著作和论文，参考了很多专家、学者的观点，在此一并表示深深的感谢！由于笔者水平所限，加之时间仓促，书中难免存在不足之处，恳请各位专家和读者批评指正，多提宝贵意见，以便再版时修改，使本书日臻完善。

2023 年 5 月

目 录

第一章 高校英语教学基础理论 ··· 1
　　第一节 英语教学的内涵 ·· 1
　　第二节 英语教学的原则 ·· 4
　　第三节 英语教学的理论依据 ·· 9

第二章 高校英语教学 ·· 20
　　第一节 高校英语教学内容 ·· 20
　　第二节 高校英语教学评估 ·· 24
　　第三节 高校英语教学反馈 ·· 27

第三章 高校英语教学中的思维模式 ·· 32
　　第一节 创新思维、模仿思维与英语教学 ····························· 32
　　第二节 艺术思维、理科思维与英语教学 ····························· 42
　　第三节 思维模式负迁移与英语教学 ···································· 53
　　第四节 英语教学中思维模式的培养 ···································· 59

第四章 高校英语教学方法 ··· 61
　　第一节 情境教学法 ·· 61
　　第二节 交际教学法 ·· 72
　　第三节 任务教学法 ·· 82

第五章 高校英语教学模式 ··· 91
　　第一节 基于微课的高校英语教学模式 ································ 91
　　第二节 基于慕课的高校英语教学模式 ································ 107

第三节　基于翻转课堂的高校英语教学模式 …………………… 119

第六章　高校英语阅读、听力与口语教学 …………………………… 126

　　第一节　英语阅读教学 ……………………………………………… 126

　　第二节　英语听力教学 ……………………………………………… 137

　　第三节　英语口语教学 ……………………………………………… 145

第七章　高校英语语言与文化教学实践 ……………………………… 151

　　第一节　高校英语教学语言的表达艺术 …………………………… 151

　　第二节　高校英语中的文化教学实践 ……………………………… 169

参考文献 …………………………………………………………………… 184

第一章 高校英语教学基础理论

第一节 英语教学的内涵

一、教育与教学的概念

(一) 教育的概念

教育对人类的存在与发展起着重要的作用,这是因为教育既传承了人类的既有经验,又把单独的个体培养作为社会的组成部分。"教育"一词在汉语中可以分为两个部分:"教"和"育",它们分别有"上施下效""使之为善"之义。然而,英语中的education(教育)则是指"导出",教育的学术性定义正是基于这一语义而形成的。

学术界对教育的定义与分类有很多:一是教育是纲领性的定义、规定性的定义和描述性的定义,不同的定义都在各说各话;二是教育可以分为作为机构的教育、作为内容的教育、作为活动的教育和作为结果的教育;三是教育是培养新生一代准备从事社会生活的整个过程,也是人类社会的生产经验得以继承和发扬的关键环节;四是教育是传递社会生活经验并培养人才的社会活动,学校教育则是根据一定的社会要求和受教育者的发展需要,有目的、有计划、有组织地对受教育者施加影响,以培养一定社会所需要的人才的活动。

综合以上观点可知,教育是一种可以引导人类发展的活动。因此,教育的内涵必然涉及两个要素:引导与发展。引导说明教育是有目的的活动,"使之向善"是其最根本的目的。引导还说明教育不是强制性的活动,也不可能强制,如不可能强制学生掌握知识、技能和树立价值观。发展是指学生的发展教育能否最终实现其目的，主要在于学生是否能得到与所设定目标一致的发展。

（二）教学的概念

教学是教育中的一个重要因素，既是一种基本因素，又是一种复杂因素。研究教育必然要对教学的相关概念有所了解。

对界定教学与教育之间的关系，最基本的说法就是，教学是教育活动的一种，是发生在师生之间的一种学习活动。对学生来说，教学是借助教师的引导而发生的活动；对教师来说，教学是引导学生进行自主学习的活动。这些活动必须有目的，以严密的计划组织、引导学生学习。而判断教学是否成功的一个重要指标就是学生的身心能否得到全面发展。

师生之间的关系是教学活动中最重要的关系。教师传授自己的知识，学生进行学习并获得身心的全面发展。教师需要引导学生去主动学习知识技能，实现自身能力的提升，促进审美价值的实现，形成正确的人生观及价值观。这个过程需要教师和学生共同完成。师生是教学活动的双主体，如果没有教师的讲授，或者没有学生积极、主动地参与学习，那么就不存在教学活动。"教"与"学"必须统一在一起，才能实现教学活动。

从师生关系来说，教师起引导作用，学生起主导作用，两者相互作用共同完成教学任务。在学校教育的诸多任务中，教学始终是最核心的任务。它目标明确，即使每一门学科具有相同的教学目的，各自的教学目标也是不同的。而不同学段、不同学年、不同学期、不同星期都会有教学目标的变化，且教材、活动、课文的变化也会引起教学目标的改变。

教学的目的就是传授人类的知识技能，也要把人类关于生存的各种经验向后代传递下去。因此，教学的内容一定要具体，把生存经验和知识技能都以具体的教学内容呈现出来。教学内容要有一定的层次性，这是因为教学是一种计划性、系统性的教育活动，如教学计划、课程计划等，以这些形式来分层次呈现教学内容。这些计划的制订并不是随机的,而是教育机构、学校和教师经过长期科学的研究而得出的。

在当今社会中,教学的实施形式不再单一,而是会借助有效的教育技术或方法。教学的演变历史悠久,在实践的积累中形成了多种行之有效的方法。信息技术的快速发展,使得教学可以借助形式多样的技术得以实现。因而,教学必须有计划地教授系统内容,依照既定目标,依托有效的技术与方法,使教师能够引导学生学会知识、掌握技能、拓宽眼界,促进学生身心的全面健康发展。

二、英语教学的实质

一般认为英语教学只是语言教学,只要让学生能够自如地使用这门语言就可以了。但其实英语教学更是一种文化教学,还要让学生通过学习英语来研究英语文化,而不仅仅是会说英语。学习英语也是为了能够借助英语来研究相关知识,如学习古埃及语、古希腊语等,这些语言已经没人再使用,但依旧会有学者进行学习和研究。

要想研究英语,首先要学会英语。对中国学生来说,中文是其母语,而英语是外语。回首各国外语教学的发展历程,如果学生已经初步形成了运用母语的能力,则在他们学习外语时一定要传授其外语知识,只有这样才能更好地使学生掌握和运用外语。所以,在英语的语言教学中,一定要把提高学生使用英语的能力放在首位。

英语作为语言的一种,也是承载文化的重要载体。因此,英语的教学本质上是文化的教学。

第二节 英语教学的原则

一、以学生为中心的教学原则

以学生为中心的教学原则要求教师从以下三个方面着手：教材分析，教学方法和手段的选择，教学活动的设计与组织。

第一，教材分析要以学生为中心。教师在分析教材时，应在理解和掌握教学内容的基础上，针对学生的不同阶段的学习能力和实际情况，将此作为教学任务和教学目标的依据。同时，教师应合理有效地利用教材，使教材内容转变成问题的衔接和师生之间的交流，根据学生对教材内容的理解，对教材内容和教学活动进行心理化和最优化的加工处理，将学生对教材的经验和体验相结合。

第二，教学方法和手段的选择要以学生为中心。在教学过程中，教师应以学生为中心，适应学生的直觉思维特点，通过灵活多样的教学手段，直观的教学方法即视、听、说等来激发学生的参与，提高学生学习的积极性，还可利用形象化的教学方法如幻灯、投影、模型、录音、图片等，使学生能够真正理解和感受语言，积极主动地参与课堂学习，强化记忆，同时达到最优的学习效果。

第三，教学活动的设计与组织要以学生为中心。教师在准备与设计教学活动时，应当充分了解学生的情况、知识结构层面、学习动机及学习兴趣的状态，以确保教学活动有目标地、形式多样地、内容全面地进行，在提高学生学习积极性的基础上，使教学目标得以顺利实现。

二、交际性的教学原则

英语是一种交际工具，在学习英语时要力求学以致用。

第一，教师在教学活动中应运用灵活多样的方式来进行实践练习，如机械性操练、意义性操练和交际性操练等。机械性操练是对课文中的情景通过模仿和问答的形式来进行练习，这属于句型操练。意义性操练是在机械性操练的基础上，学生独立运用语言材料进行有意义的交际活动，主要包括替换练习、角色表演、自由会话、小组讨论、情景表演等。交际性操练就是利用文中的语句来表达自己的思想情感。这三种方法是循序渐进地接近语言交际的过程。因此，教师在教授新的课程时，也应该遵循机械性操练—意义性操练—交际性操练的方式，最终使学生理解和掌握新知识。

第二，不管是在课堂教学过程中还是在课外活动中，教师都要有意识地为学生创造讲英语、用英语的机会。例如，在讲解词语、语法，组织教学，考核，布置作业或者学生请教问题等时都可以用英语，把英语运用到生活中来，养成良好的语用习惯。

第三，在英语教学活动中，应当处理好语言实践和语言知识之间的关系。语言实践在英语课中占主导地位，课上大部分的时间都是在进行语言实践的练习；对语言知识的讲解则处于次要地位，教师应参考语言实践和教学目标的需要来对语言知识的范围、深度、方法进行讲解。

第四，在英语教学活动中，语言操练和语言交际是两种教学形式，因此教师应清楚并处理好这两者的关系。语言操练的重点在于让学生掌握语言的形式，是培养学生语言交际的必经之路；而语言交际是为了使交际双方相互了解，重点在于语言形式。在英语学习过程中，语言操练和语言交际都非常重要，前者是后者的基础，两者没有分界线。

第五，在英语教学活动中，教师应帮助学生树立"英语是交际工具"这一思想，并用这一思想来引导学生学习英语，把交际带到课堂教学过程中来。同时，在上课时，教师要培养学生用英语交际的能力，鼓励学生反复练习，教师也要根据不同的时机来实时地创造交际情景，给学生提供真实的英语交际机会。

三、真实性的教学原则

教师在英语教学中，要做到语用真实，应了解并做到以下四个方面。

第一，把握真实语言运用的目的。培养学生的语言能力是英语教学的最终目的，实际上就是指语用能力。培养语用能力方面的教学目的就是语用目的，主要表现在3个方面：①语句的语用功能目的；②对话语篇的语用功能目的；③短文语篇的语用功能目的。

第二，采用语用真实的教学内容。教师应从语用的角度开始英语教学，对英语课文进行剖析，详细地研读，保证语用教学的教学目标，准确把握文中的语句内涵，选用真实的例句让学生进行练习，让学生真正获得英语运用能力。

第三，设计组织语用真实的教学活动。教师应把培养学生的语用能力作为设计教学活动的出发点，运用讲解、示例、训练等，将培养学生语用能力与课堂教学活动紧密结合起来，贯穿于整个英语教学过程中。

第四，设计语用真实的教学检测评估方案。语用真实在教学中具有十分重要的作用，不仅能够让学生掌握真实的语用内涵，还能使学生在英语运用方面的能力得到提升。所以，教师需要定期对教学成果做出评估和检测，以此来反馈学生的学习情况，从而对教学活动和教学目标做出及时调整和改进，进一步检查学生在英语学习方面存在的不足之处。因此，在教学过程中，教学检测起着重要的作用。

四、输入优先的教学原则

输入是指学生通过听和读的形式来学习英语语言材料，输出是指学生通过说和写的形式来进行语言表达。据权威心理学研究资料表明，输入是居第一性的，输出则居第二性，由此可以得出输入是输出的根本基础的结论。

语言输入在英语教学过程中起着尤为重要的作用，对英语教学要以输入优先的教学原则来进行。

第一，教师在英语课堂上要充分利用形象直观的教具，如图片、文字、声音等媒介，为学生提供形式多样、内容丰富的语言材料，使学生尽可能多地接触英语。

第二，教师应注重学生的理解力，对理解性强的资料的输入，可以鼓励学生听和读，而不要求他们说和写。因为听和读是掌握语言的基础，所以理解材料才是最重要的。

第三，教师在对语言进行输入的同时，应该对输出进行检验，以输出巩固输入，促进语言的输入。

第四，教师在组织教学活动中应鼓励学生模仿，模仿有助于人们对语言的掌握。教师应积极地引导学生来模拟现实生活中的真实场景，并将其表达出来。

五、发挥母语作用的教学原则

英语对我国的学生来说属于第二语言，虽然强调让教师在课堂教学过程中尽可能多地使用英语，但是这并不意味着要放弃使用母语。为了使学生能够更好地掌握英语，在英语教学活动中，教师要利用母语的优势，排除母语的不利影响。因此，在教学过程中，教师应做到以下两点。

（一）充分利用母语的优势

在熟练掌握母语的基础上进行英语语言的学习活动。英语和汉语在语法结构和使用方法上既有相同的部分，也有不同的部分，然而学生在学习英语之前对母语中的时间、空间及地点等意识已经在脑海中形成，已经掌握了母语的语言手段，因此学生学习英语的障碍往往来自这些不同点。这个时候就需要教师充分发挥母语的优势，运用母语来对这些不同点进行解释，帮助学生了解英语的一些学习规则和语法结构特点，同时更加方便学生和教师之间的沟通交流。

（二）减少母语的干扰

对母语的适应和使用习惯往往会给英语的学习带来障碍。在英语教学过程中，教师适当地使用母语，让学生明确母语和英语在某一特定结构上，或者是某一语法结构上是有差异的，这样有助于让学生明确母语和英语在使用上应该注意哪些问题，避免把母语的使用规则和英语的使用规则相混淆，减轻母语的干扰。因此，外语的学习是一个复杂的过程。

六、提高学生学习兴趣的教学原则

"兴趣是最好的老师"。为获得更好的教学效果和学习效果,在英语教学活动中,教师应充分调动学生学习英语的积极性,让学生对英语产生兴趣。因为一个人的兴趣能激发其内在的动力,使他们喜欢学习、乐于学习。在英语教学中,教师应从以下三个方面着手。

首先,教师在教学活动中应该了解学生的特点,发挥学生的主体性。每位教师都非常明白,学生才是英语教学活动的主体。教师在英语教学的过程中应遵循语言学习的规律,采用灵活多样的教学方法,使学生在学习英语的过程中形成语感,提高英语的实际交流能力。要根据学生的个性差异特点,培养学生的英语学习兴趣,让学生参与实践和体验,主动尝试和创造,从而获得对语言的认知和语言能力的掌握。

其次,语言的学习基础是通过死记硬背和机械操练来形成的。但是,这种传统的英语学习方式一旦过度,就会适得其反,让学生对英语语言的学习失去兴趣。因而,教师在英语教学活动中,应注意观察学生,对学生进行学习评价,帮助学生找到感兴趣的学习方法。教师应以提高学生的综合素质为前提,鼓励学生的课堂参与,激发学生的学习积极性,提高学生的语言交流能力。因此,死记硬背、机械的教学方法和传统的英语测试方式将不再适应英语的教学。

最后,深度挖掘教材。教师在进行教学活动前,应对教材有一个整体上的把握,认真研读教材,挖掘教材,用教材中学生感兴趣的内容来调动学生的积极性,使每节课都在轻松愉悦的课堂氛围中进行。

第三节 英语教学的理论依据

一、英语教学过程原理的依据

教师在设计或开展教学活动的过程中，要考虑到教育目标、知识内在逻辑和语言技能发展的适切性，以及学生英语学习规律的适切性。只有在兼顾这三个方面的情况下，才能保证英语教学过程的整体适切性，促进学生成长。当然，大学英语教学在这三个方面都有相关的内涵。

（一）教育价值依据

教育价值依据回答的是"这个时代需要培养什么样的人"的问题。从时代所要求于人的规格与特质而言，英语教学改革的育人观既与其他各学科教育或教育活动的育人观有共通性的一面，也有其独特的理解。新时代教育形成的教学共同价值观的核心理念：我国当代教育中课堂教学的价值，需要从单一传递教科书上呈现的现成知识，转为培养能在当代社会中实现主动、健康发展的一代新人。这里之所以将教学三个层面的价值观作为教学过程设计及展开的基础，以及教师所要秉持的思维支点之一，是因为要为教学过程找到一个最根本的价值灵魂，将教学过程的目的与整个英语教学改革保持理念上的共通，同时又兼顾学科个性。

（二）学习机制与心理逻辑

学习机制回答的是"英语作为外语学习的发生机制及其规律是什么"的问题，主要包括英语学习的本质和英语学习的运作两个方面。科学的英语学习机制的建立是英语学习高效和成功的重要保证；反之，英语学习效率不高，甚至最后失败，则往往与学习机制存在问题有关。例如，有的教师简单地把英语学习等同于母语学习进行教学，或把英语学习与母语学习截然分开；或片面地把英语学习归结为记忆，而忽视交际实践，或只重视交际实践而忽视记忆；或只求质量，不求数量，或只求数量，不求质量；或只重口头，不重书面，或只重书面，不重口头；或强调熟练性，而不注意灵活性，或注意灵活性，而不重视熟练性；或一味苦学，而无巧学，或只想巧学，而无苦学基础……凡此种种，可以说都是学习机制的问题。学习机制出现问题，学习就会失衡，英语学习时间和物力消耗不少，但学习效果却不好。这种情况在英语学习中相当普遍，说明英语学习实践同其他任何人类实践一样，必须有一定的理论指导。对任何一个想学好英语的人来说，学习一定的英语学习理论是必要的。

英语教学研究对我国学生英语学习的本质及其机制有着自己的理解，具体如下。

1. 英语学习时的大脑活动

当代中国人批评英语教学的不足时，并未从深层次揭示英语学习的本质。以致英语学习就可能变成简单的记忆活动，即使英语比较流利，也是鹦鹉学舌，有口无心，属于会说什么就说什么，而不是想说什么就说什么。前者无内容，后者有内容，两者之间有着本质的差别，差别的根源就在于是否动脑学习和使用。只有动脑学习，才有真正的效果和效率。

大脑功能的理论，以及英语学习的科学实验与实践都表明，一般的英语学习效率可以成倍地提高，甚至可以提高几倍、几十倍，关键在于英语学习要按大脑活动的规律进行。举例来说，大脑的基本功能是兴奋和抑制，而单调的刺激时间一长，不仅不能引起兴奋，而且会导致抑制。因此，在英语学习中只采用一种形式、一种方法，不如采用多种形式、多种方法，并交替使用，使大脑所接受的刺激经常变化，使大脑总是受到挑战，处于兴奋状态，学习才有高效率可言。从这个意义上说，英语学习中的各种方法都是可以使用的，关键取决于这种方法能否刺激学生的思维，是否用得适度。对于翻译法、直接法、听说法、阅读法、交际法、认知法及语法学习、结构学习、功能学习、话语学习等，都要持科学态度，或综合使用，或变换使用，使之各司其职，各得其所。

2. 英语学习时的心理活动

英语学习一方面同感觉、知觉、表象、记忆、思维、联想等因素密不可分，另一方面又时时受到动机、信心、兴趣、情感、意志、注意等的制约，同时学习者的个性对学习也有重要影响。正如在生理方面，英语学习是大脑左右半球的协调活动那样，在心理方面，英语学习也应该是智力和非智力因素的协调活动。在学习中，各种因素充分发挥积极作用，学习效率就会提高；一个因素出现问题，学习效率就会降低。英语学习效率不高的人需要进行心理调整，甚至心理治疗，并非离题之言。

作为完整心理活动的英语学习，还包括知识、技能和熟练技巧。三者的统一与转化，一方面要通过内在的理解、意会和领悟，另一方面要靠外在的操练、练习和实践。理解、意会、领悟、操练、练习和实践是同步发展和提高的，如果脱节，就会影响学习效果。提高英语学习效率的重要途径之一，就是保持外部动作和内部心智的统一，使英语学习心理活动的完整性体现于各个方面。

3. 英语学习时运用的规律

要学习好英语，就要对英语规律进行认真的探究，从而在本质上、深层次地把握英语，把英语学习由技能训练提升为规律性认识。掌握了规律，就能更透彻地了解事物，就有了更多的自由，学习也就能够举一反三、闻一知十。所以，学习不能归结为简单的刺激反应行为的形成，或纯模仿，或纯记忆。

语言统计学表明，幼儿如果只凭记忆、模仿、刺激反应联结，是不可能学会母语的。因为一种语言能生成的句子数量可以说是无限的，如果一句一句地去学习，一个人一生中也只能学极小的一部分。人能学会母语和多种外语，最终还是要靠理性、智力和认知，靠本能地或自觉地对所学语言进行归纳与总结。学习英语，就更应该如此，思考得越深，发现得越多，英语学习的效果就越好。有一位英国古典语言学家，他掌握了古希腊语、古拉丁语，还学会了法语，当然也会英语。在一次意外事故中，这位语言学家大脑受伤得了失语症。但后来经过治疗，他又恢复了语言能力，而四种语言恢复的顺序却很值得思考。最先恢复的竟然是古希腊语，其次是古拉丁语，再次是法语，最后才是英语——这位语言学家的母语。这个例子说明，对一种语言研究得越深，印象也就越深；同时也说明，通过书面形式学习一种语言，其效果不但不比通过口头形式学习的差，甚至有可能更好。因为古希腊语和古拉丁语早已是人们不再说的语言，只在古文献中保留了下来，那位语言学家学习这两种语言，只能通过读和写。

英语学习是研究活动，不仅指探索语言规律，也包括探索文化和科学，当然是通过英语进行探索。因为通过英语解决问题，使用英语解决问题，比使用英语做事，更能促进学习者对英语的掌握。在前一种活动中，学习者动脑的强度要比在后一种活动中大得多。因此，只一般性地提倡用英语交际，用英语做事，对学好英语是远远不够的，还应该强调用英语研究和探索，用英语解决问题，这样才能抓住英语学习的实质，取得英语学习的成功。

4. 英语学习时的审美活动

英语学习除了是用脑、动脑的认知性活动外，还是一种审美活动，这源于语言的本质。语言不只是艺术创造的重要形式和手段，其本身就是重要的审美对象，是人类普遍创造的艺术品。这表现在英语的语音、语法和词汇都具有和谐美。在语音方面，不但有单音节的对称，如长、短元音和清、浊辅音，而且有语流的轻重、高低和节拍。在语法方面，进行时态与完成时态的对仗极为工整给人以美感；比较级和最高级也是如此。在词汇方面，write——writer, read-reader, listen——listener 和 l speak——speaker 等，同样给人以和谐的美感。学习时，只要用心体验，就能受到感染。

为了提高英语学习效率，需要加强对英语的整体审美。在听时，首先要听语句的节奏、节拍、高低、升降等，受到整体的语音语调感染，形成完整语句的声音形象，达到"余音绕梁，三日不绝"的程度。同时，把音感和义感密切结合，把意义感和形象感、情景感密切结合，以求进入立体化听、理解、感受和储存的境地。这样听，有的可过耳不忘，甚至可永远不忘。

朗读和说与听一样，在练习时也应该首先抓住语流的整体节奏、旋律，表现英语特有的和谐美感。同时，对所读和所说的内容要有个人的独特体验，有思想和感情的凝结与流露。这样练习，既会给他人以深刻印象，更会使自身受到自我感染，学习效率自然会有所提高。

从英语教学的角度而言，如果要引导学生在审美体验中学习英语，在教学中就要运用各种手段和形式，如英语诗歌、歌曲、戏剧、小说、电影、录像、故事、图片等。当然，在这里对学习起助推作用的不只是艺术形式，还有艺术内容。学唱英语歌曲，朗读、背诵英文诗歌，表演英语短剧，阅读英语故事等，其内容都应该与学习者的思想、感情、气质、修养等合拍，能引起共鸣。这样，学习者就会很快进入艺术再创造的角度，在不知不觉中掌握英语，而且熟练牢固。因此，从心理学角度看，审美学习的实质是潜意识学习。而潜意识学习如今又被证明是学习能量最大、最值得和最迫切需要开发的一个领域。如果在英语教学中注意加强这方面的努力与研究，那么学生英语学习的效果也会使我们超乎意料。

（三）语言的内在结构与逻辑

这一点很容易理解，以往在语法大纲理念的指导下，英语教学过程的逻辑基本都是遵循从简单到复杂、从具体到抽象的顺序进行。在今天，英语教学过程是在批判只单纯强调语法程序思路的基础上，进行扬弃式的吸取，仍然强调英语教学要遵循知识的内在结构与逻辑。例如，阅读学习的基本程序是字母认读、音节拼读、单词拼读、词组认读、句子认读、句组认读。读的单位逐渐加大，读的速度逐渐加快，阅读理解逐渐加深，阅读目标逐渐提高。又如，单词拼读学习的基本程序是元音、辅音单独读，再一起读，整体拼读，快速整体拼读，自动化闪电式整体拼读。拼读的技能一步比一步熟练，拼读的目标一个个实现。从以上两例可以看出，随着学习顺序的明确，学习目标自然也更加明确和具体，学习者对英语学习活动的驾驭也因此而更加容易。

二、英语课堂教学的结构系统

英语课堂教学是语言"教"与"学"活动展开的复杂过程，是在教师、学生的双边交往互动中，以语言知识为内容、以语言技能为师生间交往的语言载体、以学生语言理解能力的形成为目的的多系统交互推进的过程。由此可以看出,英语课堂教学是由语言知识系统、语言技能系统、教学过程系统和学生认识系统构成的复杂的结构系统,四个结构系统间相互交织、彼此依存,而又具有内在的逻辑特征。具体而言,可将课堂教学分为以下四个结构系统。

(一)知识结构系统

英语语言知识的内在结构是成系统的,其知识结构的解剖特征如下。

第一,从简单到复杂。例如,就语言知识的词汇、句型与文化看,词汇从名词、动词到形容词等,句型从基本句型到变式句型等,时态从现在时到过去时,再到将来时等,语态从主动到被动等,文化知识从小到大等,从语言知识学习的顺序与转化关系看,从词到句、从单句到句组、从句组到语段、从语段到语篇。这样在中小学各年级间,语言知识系统的形成在多个层面之间是既各自不断复杂化,又相互交织的关系,但语言知识系统整体上是有序的。这种知识的有序排列,便是教学内容顺序展开的知识依据。

第二,从少到多。例如,小学阶段的写作技能从写字母、写单词、写句子、写语段到写语篇,再到写各类文体性的语篇,量与篇幅都是逐步增加的。

第三,由具体到抽象。例如,词汇学习是从名词、动词、形容词、副词到介词,由实到虚。这些知识系统的层次性特点,都是教学顺序和层次的内在依据。

(二)语言技能系统与认识结构系统

1. 语言技能系统

语言技能系统是指听、说、读、写自成系统,又相互交织。从一堂课的各环节看,语言技能中的听、说、读、写也是随着教学过程的推进而变化的。一般而言,教学导入环节和教学新授环节是以听、说为主,其中渗透部分语言点的读或写的要求;在教学综合性输出环节,读、写比例开始加强。只有这样,课堂教学的语言技能要求才可能在不同层面上得到落实。一些教师常常在教学的各个环节只是运用听与说,这是偏颇的,不利于学生对语言形式的掌握。有些课堂教学,虽然学生的发言质量很高，但一接触到读写要求，便出现明显下降的现象，与这种情况不无关系。

2. 认识结构系统

认识结构系统是指学生的语言学习是一个有序的发展过程。儿童起初每句话只有一个整词，对此不太精确的说法就是单词句，以后才有了词和句子的概念。在其后的阶段，一个词的句子拓展为包含第二个成分。与此同时，语法的第一次区分开始出现，一方面是词和词的结构，另一方面是主要的词和附属词，如 it ball，more ball 和 little ball。许多学者在这里就想到了述谓结构，但是把这种结构解释成单个的、语境决定的谓语，只是很肤浅地拓展了谓语一词的意义。短语 little ball（小球）与 the ball is little（球很小）相去甚远。形容词主要的、无标记的功能绝不是做表语，而明显是做定语。只是到了语言习得的后一阶段，即第三阶段，"主语＋谓语"的简单句子才得以出现。

有一个有趣的例子可以说明这些时间顺序上的关系。英语中有三个同音异义的后缀，都有 /z/ 的发音，这些音会在某些固定的条件下经历一些较固定的变化。这一后缀形式有三个不同的含义：第一，表示名词的复数（cooks，复数）；第二，表达所有关系（cook's hat，厨师的帽子）；第三，动词第三人称单数的变位形式（mummy cooks，妈妈做饭）。首先是利用这一后缀表示复数词尾，其次用它表示所有格，最后用它表示第三人称单数的变位形式。道理很明显：在区分复数和单数的时候，只是涉及词；在使用所有格形式的时候，涉及一个完整的短语；当涉及动词人称形式的时候，问题就涉及谓语与主语的关系，因而整个句子都受到影响。

语言的这一发声系统说明，在英语教学过程中要基于这一特征开展教学工作。

（三）过程结构系统

韩愈《进学解》中有"行成于思，毁于随"，说的是行动要成功，必须经过周密的思考，随随便便行动就会失败。对于英语教学而言，也应注重用科学的方法加以组织。每一个步骤都是对上一个步骤的反馈，同时又激起下一个步骤的反应，如此步步相连，一步接一步，直到达到某一环节的目的，而每一个环节也同样与上一个环节和下一个环节有反馈和反应关系，环环相扣，直到达到某一阶段的目的。

和以往的教学结构一样，英语课堂教学的基本过程结构也由三部分构成：导入、教学中和教学后。但由于价值理念、教学思想过程的理解不同，英语课堂教学结构在每一个环节都呈现出独特性来。

1. 开放式导入的过程结构

开放式导入在英语课堂教学的展开过程中有着重要的意义，它犹如乐曲中的"引子"、戏剧的"序幕"，起着酝酿情绪、集中注意力、渗透主题和带入情境的作用，不同于准备活动（warming—up）。warming—up 的功能在于引起学生的学习动机和注意，使学生进入学习的准备状态。但开放式导入的功能并不止于此，精心设计的导入能抓住学生的心弦，立疑激趣，能促成学生的情绪高涨和智力振奋的状态，有助于学生获得良好的学习效果。

2. 新语言输入的环节

话题展开与理解性语言输入环节，即新语言输入的环节。这个环节不是机械的语言输入，而是师生互动生成的过程。它与教学过程开放度的大小密切相关。

英语教学是促进学生整体生命成长的过程，是学生从无知走向有知，从知之不多向知之较多，从知道不全面向知道较全面逐渐过渡的过程。因此，英语教学要求学生主动参与，尤其是学生思维的主动介入，并形成创造性的思维。当然，由于每节英语课的教学目标及具体的课型都不一样，因此，如何处理每堂课的教学推进过程也不一样。

教师经常会形成自己课程的习惯性结构框架，尤其是有经验的教师，一般都有自己的教学风格和课堂常规，能够面对不同的课型灵活采用不同的教学策略。事实也表明，结构相对类化的教学课结构有利于学生学习，一旦学生熟悉不同课型的教学过程结构，就可以随着课程的推进较熟练地与教师配合，知道应当做什么和将要做什么。当然，将一节课划分为许多次级教学活动，教师还需要考虑到两种次级教学活动之间的转换关系。在许多外语课堂上，特别是在开展小组交流和两两结对交际的课堂上，根据不同活动重组的活动频率更高，因此，如何处理好环节间的转换，其意义更为重大。

技能熟练型的教师往往能够轻松自如地进行教学环节间的转换，尽量减少因环节转换而带来的教学的生硬性；而技能陌生的教师恰恰相反，其往往会将前后环节的顺序搅乱，不能关注环节间的转换问题，或是过度运用转换而致使课程的紧凑性不够。因而，有效的教学环节转换有助于维持学生的注意力和加强活动联系的紧凑性。教师处理教学转换的方式有多种，相互协商、调整教学焦点或开始一个新的片段等都不失为良策，具体要采取何种措施，主要依赖于转换的性质。例如，让学生从个体学习转换为小组学习要比讨论两个话题的转换容易些。教师必须考虑许多决策方式：一是当由个体学习转换为小组学习时，如何保持课堂教学的连续性；二是不同活动间学生将做什么；三是什么时候该告诉学生某项教学活动的目标。

在课堂教学推进的中心环节，有四点需要加以注意并应当始终坚持。

第一，教学活动的目的性，即在英语课堂教学中，要有目的地运用变化技能。教师掌握变化技能的各种要素，灵活地运用变化技能的各种类型，都是为了更好地实现和完成英语课堂教学的目标和任务。脱离课堂教学的目标或与教学内容关系不大的任何变化只能使学生更加糊涂，分散学生的注意力，达不到促进学习的作用。

第二，教学活动的意义，即教师在课堂教学中无论采用何种教学方法，都应尽量根据学生的能力、兴趣、背景知识、学校情景、英语学科、所教课的题目及任务的要求来精心设计，使教学活动在有意义的情景中开展。

第三，教学活动的连贯、有层次、有递进，即在教学环节的推进过程中，教师要注意环节转换的自然、连贯、递进，逐步提升学生的思维水平，并保证学生的注意力和学习不因教学环节的变化而受到负向干扰。

第四，教学活动的生成性，即教学新语言点的出现不是教师空降给学生、学生简单接受并不断操练与应用的过程，而是在学生的原有经验上逐步生长出新知的过程，是学生在运用、发现和体悟中不断丰富和深化的过程。

这样设计的教学过程不仅有利于提高英语教学效率，也有利于提高学习者的整个个体生命质量。人对自身生命的思维，第一层次是想长寿，第二层次是想高效。因此，效率思维在人的整个生活中的价值是极高的、生命价值等于生活效率，生活效率等于效率思维。英语教学效率思维应该一方面注重外在的学习活动，另一方面不忽视内在的心理活动，内外结合，不断进行应变调整。

外在学习活动的思维基本上有两个方面的内容：一是关于首次学习材料的智能性和学习者个人性的加工；二是关于练习和复习目标的到位与升位的连接与转换的契机。在英语学习中，不管是词、句、文的学习，还是语音、语法、语义规律等的学习，在首次学习时，学习者都不能是被动地接受，而要主动地对所要接受的语言进行智能加工。这种加工可以是进行新的概括，对词和句重新分类，也可以是进行新的推导，如大胆试用构词规律构造新词，或试用句子模式造句，以及活用课文结构作文。只要在首次学习中开动脑筋进行思索，在接受中有所创造，学习效率就会提高，记得活，用得活，将死记变为活记，将模仿提高为创造。

在英语学习中，练习和复习的时间与精力占的比例很大，是英语学习中的主要活动。练习和复习效率高，意味着学习效率也高。因此，英语学习的效率思维必须把练习和复习作为重点。在这方面，效率的提高既同练习和复习的到位有关，也和练习与复习的升位有关。所谓到位有两重解释：一是练习和复习要抓住重点和紧扣关键；二是练习和复习要达到巩固、熟练和练活的目的。例如，口语对话练习的难点不只是提出问题，还要听懂问题，因此，一方面要把提问作为重点来练习，另一方面也要把听问题作为关键来练习。再如词汇复习，在句子和课文中复习频率低的词比较容易忘，要作为复习的重点，而典型词的结构和转义的用法能起举一反三的作用。在关键处下足功夫，可以保证学习之路畅通。

英语练习和复习要有效，就必须达标，技能要达到熟练且灵活，知识要达到巩固且系统。熟练的标准是快速流畅，灵活的标准是结构变化与层次意义的深化，巩固的标准则是知识联网与快速重现。由不熟到熟，不活到活，不牢到牢，属于练习和复习的到位。但效率思维如果只考虑到位问题，那么思维依旧是片面的、不够系统的。以到位为内容的效率思维，需要以升位为内容的效率思维来补充。练习和复习的升位，指的是每一类、每一种、每一项的练习和复习在其临近到位之前，在综合度、复杂度、难度上的适当提升。例如，以句子为单位的句型练习达到一定程度时，就要提升到以句组或话语为单位的练习；或同一水平的话语听力练习达到一定程度时，就要提升到有听有说，或听一段后说，或全部听完后说的练习。

练习和复习若只求到位，则属于静态性的练习和复习；而若也求升位，则属于动态性的练习和复习。静态性的为单一目标，动态性的为综合目标，前者为一举一得，后者为一举两得，甚至多得，效率自然会提高。因此，英语学习的效率思维既要把练习和复习到位加以周密计划，也要将其升位予以细致安排，达到这一点，就可以说效率思维到了位和升了位。

3. 语言能力形成与语言综合的使用环节

话题拓展与开放式语言综合输出环节是语言能力形成与语言综合使用环节。这个环节不是巩固新语言的简单、线性操练，而是面向学生已有所有语言存储状态的开放式、综合灵活运用的环节，同时也是进一步形成新的语言认识的环节。

与传统上将课堂教学结束环节用来做练习巩固知识，或是教师简单地就一节课做总结、整理教学要点的做法不同，"新基础教育"英语课堂教学结束环节仍然是开放式的，目的是让学生在经过核心教学过程的推进环节之后，进一步经过 2~3 个小步骤，由小开放到大开放地设置一些教学情境，让学生在小开放性的教学情境环节能够基本上将本课所学习的内容做进一步的综合与巩固；而在大开放性教学环节中，超越本节课的所学内容，灵活地根据语言情境自如地运用英语知识与技能解决问题或交流思想。因而，这个环节与前面的教学环节是密不可分、环环相扣的，对前一环节所掌握的语言点起到综合、提升与巩固的作用。

第二章 高校英语教学

第一节 高校英语教学内容

一、语言基础教学内容

（一）语法结构项目

词语层面：名词、代词、限定词、数词、时态、被动语态、短语动词、不定式、现在分词、动名词、过去分词、情态动词、虚拟语气、介词、形容词、副词，构词法。

句子层面：句型、句子成分、名词从句、直接引语、间接引语、形容词从句、同位语、副词从句。

超语句层面：并列结构、插入语、倒装语序、强调、省略、替代、标定符号。

（二）功能意念项目

寒暄：问候、告别、称呼、介绍、致谢、道歉、同情、祝贺、邀请、提议。

态度：愿意、决心、决定、责备、抱怨、允许、同意、建议、命令、相信、怀疑、认定、预告、提醒、承诺。

情感：高兴、担忧、焦虑、惊奇、满意、失望、恼怒、恐惧、欲望。

时间：时刻、时段、时间关系、频度、时序。

空间：位置、方向、距离、运动。

计量：长度、宽度、深度、容量、速度、准确度、温度、近视、平均、比率、比例、估计、最大限度、最小限度。

信息：定义、解释、澄清争辩、叙述、描述、演示、概括、结论。

关系：对比、比较、相似、差异、所属、因果、目的、让步、真实条件、非真实条件、假定、假设、部分和整体关系。

计算：加、减、乘、除、增加、减少、百分数。

特性：形状、颜色、材料、规格、功能和应用。

（三）语言技能项目（听、说、读、写、译）

辨别音素；

辨别重音；

辨别语调类型；

理解话语的交际功能；

理解语篇的主题或大意；

领会说话人的观点、态度或意图；

标准语音语调；

善于提问和回答；

复述故事或短文；

就日常生活话题进行对话；

口头作文；

采访书；

即兴简短演讲。

（四）阅读技能

理解主题和中心思想；

辨认关键细节；

区分事实和看法；

推论；

做结论；

略读以获取文章大意；

快读以查找特定信息；

利用上下文线索猜测生词或短语的含义；

理解句子内部关系；

参阅附加信息技能。

(五)写作技能

句子写作；

段落写作；

篇章写作(描写文、叙述文、说明文、论说文、应用文)。

(六)翻译技能

直译；

意译；

直(意)兼释译；

成语典故翻译；

合同条文翻译；

校对。

二、文化嵌入与文化教学内容

生活必需：就餐、住宿、购物、看病、乘行、穿着、节假日、搬家、医疗、保健。

人际关系：称呼、寒暄、介绍、打电话、通信、邀请、接受、拒绝、拜访、会客、共餐、聚会、帮忙、交友、送礼、祝贺、告别。

娱乐消遣：看电影、观剧、游览、看电视、周末娱乐、别墅生活、欢度节日、听音乐会、体育。

情感态度：兴奋、沮丧、厌恶、惊讶、遗憾、要求、怀疑、感谢、同情、赞扬、谦虚、道歉、服从、妥协。

观点意见：讨论、评论、征求意见、建议、同意、反对。

个人隐私：年龄、收入、婚姻状况、宗教信仰、政治立场。

时空意义：身体触碰、人际距离、时间划定、时间观念。

家庭生活：家庭团聚、家务分工、家庭纠纷、家庭开支、亲属往来、长幼代沟。

婚姻习俗：恋爱、结婚、婚变、生育。

知识教育：学校教育、社会教育、校园生活、课外活动。

社会职责：求职、社会活动、志愿者。

三、文化心理项目

社会价值观念：个人与集体、竞争与和谐、男女地位、权威与平等。

人生价值观念：成就、命运、金钱、友谊。

伦理观念：公正与善良、他人与自我、礼节与面子。

审美观念：色彩、体态。

自然观念：天人合一、天人相异、战胜自然、适应自然。

四、语言知识

基础英语语言知识是综合英语运用能力的有机组成部分，是语言学习和语言运用的重要内容之一。没有扎实的语言知识，就不可能具有较强的语言能力。

五、语言技能

英语的听、说、读、写是学习和运用语言必备的四项语言基本技能，是他们形成综合语言运用能力的重要基础和手段。学生通过大量听、说、读、写的专项练习和综合性语言实践活动，形成这四种技能的综合运用能力，为真实语言交际奠定基础。

六、学习策略

学习策略是指学生为有效地学习和发展而采取的各种行动和步骤。英语学习的策略包括认知策略、调控策略、交际策略和资源策略等。培养学习策略有助于学生有效学习英语，为终身学习奠定基础。

七、文化意识

在外语教学中，文化指所学语言国家的历史地理、风土人情、传统习俗、生活方式等。对学生来说，接触和了解英语国家文化有益于学生对英语的理解和使用，加深对本国文化的理解与认识，有利于提高人文素养，培养世界意识。因此，教师在教学中要注意向学生渗透文化意识，根据学生的年龄特点和认知能力，传授文化知识，培养文化意识和世界意识。

八、情感态度

情感态度是指兴趣、动机、自信、意志和合作精神等影响学生学习过程和学习效果的相关因素，以及在学习过程中逐渐形成的祖国意识和国际视野。在教学中，教师应不断激发并强化学生的学习兴趣，引导他们逐渐将兴趣转化为稳定的学习动机，树立自信心，锻炼克服困难的意志，认识学习的优势与不足，乐于与他人合作，养成和谐和健康向上的品格。

第二节 高校英语教学评估

一、高校英语专业本科教育评估体系的确立

随着社会的发展和国际交往范围及内容的不断拓展和深化，对我国英语专业人才的培养提出了更高的要求。大学英语教育的迅猛发展，大学英语教学和四、六级考试改革的大力推进，对英语专业人才的培养提出了严峻的挑战。我国英语专业招生规模逐年扩大，而学生数量与教学质量之间的矛盾也使英语专业教学改革成为热点问题。培养高水平、高规格、高素质、复合型、有特色的英语专业人才已成为今后我国高校英语专业教学的主要努力方向。然而，我国英语专业学科

原有的课程设置、师资队伍、教材内容和表现手段等已不能满足这种高要求的人才规格培养的形势需要。因此，我国英语专业学科的建设和更新、教材内容的改革和提升，已迫在眉睫。高校英语专业本科教育评估体系就是在这种新的形势下，试图为广大英语教师深入探讨我国英语专业教学的理念、模式、手段和英语专业人才培养的方式等提供一个统一的尺度，是对于英语专业本科教学情况的总检查。

高校英语专业本科教育评估体系的确立是为了规范和检查全国高等学校英语专业的英语教学特别是英语专业教学大纲的执行情况。通过外语专业本科教学评估加强对全国高等院校外语专业教学工作的宏观管理与监控，促进高校自觉地加强外语专业学科建设、改善办学条件、强化教学管理、深化教学改革、全面提高外语专业教学质量。

二、高校英语专业本科教育评估体系和英语专业教学大纲对课程的基本要求

高校英语专业本科教育评估体系是对高等学校英语专业英语教学大纲执行情况的监督。因此它的要求基本上与教学大纲是一致的。它所作的各项规定，对全国各类高等学校的英语专业均有指导作用，也是组织教学、编写教材和检查与评估教学质量的依据。本评估方案努力体现教育部下发的《关于外语专业面向21世纪本科教育改革的若干意见》中对21世纪外语专业人才培养规格的要求，反映各外语专业全国性教学大纲中规定的各项要求。

教学大纲要求，英语专业的教学要严格按照英语专业教学大纲进行教学。英语专业英语本科专业学制为4年。根据英语专业教学规律，一般将4年的教学过程分为两个阶段，即基础阶段和高年级阶段。基础阶段的主要教学任务是传授英语基础知识，对学生进行全面的、严格的基本技能训练，培养学生实际运用语言的能力、良好的学风和正确的学习方法，为进入高年级打下扎实的专业基础。高年级阶段的主要教学任务是继续打好语言基本功，学习英语专业知识和相关专业知识，进一步扩大知识面，增强对文化差异的敏感性，提高综合运用英语进行交际的能力。在两个教学阶段中课程的安排可以有所侧重，但应将4年的教学过程视为一个整体，自始至终注意打好英语语言基本功。

英语专业课程分为英语专业技能、英语专业知识和相关专业知识三种类型，一般均应以英语为教学语言。英语专业技能课程：指综合训练课程和各种英语技能的单项训练课程，如基础英语、听力、口语、阅读、写作、口译、笔译等课程。英语专业知识课程：指英语语言、文学、文化方面的课程，如英语语言学、英语词汇学、英语语法学、英语文体学、英美文学、英美社会与文化、西方文化等课程。相关专业知识课程：指与英语专业有关联的其他专业知识课程，即有关外交、经贸、法律、管理、新闻、教育、科技、文化、军事等方面的专业知识课程。

高等学校外语专业本科教学评估指标等级标准规定，学科定位符合学校整体发展规划和现有条件以及外语学科的基本规律，有明确的专业方向，专业建设规划遵循教学规律、符合学校实际情况、适应对外开放、社会发展和经济建设的需要，有明显的专业建设强项，优势突出。较好地执行全国本专业教学大纲对课程结构的要求，对开设的课程、学时和学分有明确规定，对每门课程的教学目标、教学内容、教学要求、教法、考核方式和参考书目有明确规定，有总体思路、具体计划和配套措施，执行良好，成效显著。课程设置要求符合本专业教学大纲的要求，部分主干课被评为校级以上重点课程。课程设置要符合本专业教学大纲的要求，专业必修课和主要的专业选修课均能开全，基本无因人设课的现象。学生外语基本功要符合全国本专业教学大纲中规定的听、说、读、写、译等各项技能的要求，学生的外语专业知识能力较强。

三、对英语课程的评估

对于形成性评估的实施现状，课题组主要借助英语精读（基础）课的总评成绩评定情况管窥。问卷和访谈结果表明大部分接受调研的学校在精读课教学评估以终结性评估为主，形成性评估为辅，多数大学英语基础课（区别于选修课）期末考试的单项成绩占总评成绩的60%左右。只有一所高校是形成性评价和终结性评价（期中25%，期末25%，平时50%）各半的方式来操作的。终结性评估对教师的影响深远，相比之下，学生比英语教师更容易接受形成性评估的理念。教学评估方案往往由教研室或教研小组决定。教师访谈结果表明，期中考试和期末考试也大多统一出卷，主要检测学生对课文知识点的掌握情况，仍然以传统的题型（词汇、阅读、作文、完形、听力，有的学校有翻译题型）为主，难以较好地体现学生英语应用能力。因此，形成性教学评估方式的采用与否与所在院校的教师团队或个人的评估理念相关，英语专业的教学评估由于教师的自主权较大，更易受到教师个人的教学评估信念影响；同样，终结性评估的系统性和科学性容易受到试题设计者的设计理念的影响。调研结果表明终结性评估和形成性评估结合的方式已经受到所有调研院校的认可，但是各校的终结性评估方式受到所在院校的团队建设和测试理念影响，学生和教师对形成性评估接受程度的差异说明了教学评估改革的关键在于教学团队和教师，英语专业教师和非英语专业教师对课程评估的不同话语权体现了教师个人信念对评估的影响。

第三节　高校英语教学反馈

一、高校英语教育教学实践中的问题

（一）学生自身对英语学科产生了厌倦

在大学里，英语专业的学生需要4年左右的时间来完成课程，非英语专业的学生则要花2年的时间来学习英语。而且在大多数高校的英语课堂当中，都是以讲单词、讲语法为主，甚至没有脱离高中英语的教学方法和模式。对于刚踏入大学的新生来说，他们期望大学的教学方式能够有所改进，但如果教师仍然沿袭中学的教学方法，那么学生自然会产生厌倦的情绪。

（二）外语教学模式陈旧

在很多的大学英语教学课堂当中，都是以教师为中心，教师在课堂上进行讲解，而学生则被动接受。这种单向的注入式教学方法很难激发学生的学习积极性。很多学生因为过于被动，不敢提问题，也不知道如何向教师询问，甚至一堂课的内容都是讲解词语和语法，再做练习，对答案。这样的教学方法是不可取的，因为很多大学的英语课都是公共课，几十个甚至上百个学生挤在一起上课。一学期下来，英语教师连学生的名字都不知道，所以就不能因材施教，更不能有针对性地进行讲课。

（三）外语教师严重不足

据调查和统计，我国的外语教师严重的缺乏，合格的英语教师更是少之又少。很多学校为了把课程安排下去，不断地外聘教师，到外面请来兼职的英语教师。外聘的教师很多在经验方面都显得不足，观念陈旧，教学方法落后，不能满足大学英语教学的需要。而且教师的教学动力不足，缺乏敬业精神，很多教师都在寻找跳槽和发展的机会，这使得英语教师队伍非常不稳定。

（四）太过于急功近利

目前，很多大学都把国家英语四、六级和毕业证书、学位证书相挂钩，这对于一些英语基础不好的学生来说，并不是一个明智的决策。因为学生会为了毕业证而过于急功近利，急切地想要考过英语四级，同时忽略了英语学习的真正目的，甚至还会出现高分低能的现状，即便是考试过了也不能真正地将学到的语言知识进行运用。

（五）方言的影响

对于很多大学生来说，母语方言会对他们学习英语产生一定的影响，使学生在发音的时候出现很多问题。

（六）学生对英语课的满意度很低

因为很多教师在课堂都习惯了以自己为中心，以讲解和示范为主，上课的内容也离不开读生词、讲解课文、分析课文、课堂练习等。就算是利用多媒体技术来进行上课，也只是用将过去写在黑板上的内容放到了电脑屏幕当中。而且教师在讲台上忙于讲解、演示或者操作，学生仅仅是被动地做着笔记，互动很少，也没有充分地参与到其中来。

二、产生问题的原因

形成以上问题的原因有很多，如学生的基础有很大的差异，学习能力也非常不同，有的学生在单词方面很薄弱，有的学生阅读能力很差，还有的学生听力不行。另外还有学习动机方面的差异，也会影响学生的英语学习。一些学生是为了通过大学的考试而学习英语的，还有一些学生是为了应付四、六级考试，如果通过了考试，学习动机便消失了。一些高校为地方经济服务的办学定位也使得不同的学生在学习英语方面有一定的差异，虽然很多企业把英语的四、六级考试当成是应聘者的一个基本条件，但是在实际的工作中能够用到英语的机会并不多。此外，教学课堂采用的是传统的"灌汤式"教学方法，教师在课堂上讲解了很多知识，但是学生没有参与到其中来，也缺乏训练和实践的机会，这就打消了学生学习的积极性和主动性，所以产生了一系列的问题。

三、解决问题的对策和方法

（一）帮助学生转变学习的观念和态度

在英语学习当中，学生自身的学习观念和态度是最重要的，只有帮助他们转变了学习的态度，树立了长远的学习目标，才能够促进他们更好地学习。因此，教师要尽快地使学生了解大学英语学习的要求和步骤，树立自我学习的意识。另外还要让学生明确，在大学里，学生自己分配的时间有很多，教师布置的作业也很少了，只有科学地管理自己的学习时间，才能够取得好的学习成绩。

（二）更新教学的观念

除了学生的因素，教师自身也要改变陈旧的教学观念，树立以学生为中心的教学观念，让学生明确自己在课堂中的主导地位。教师需要明白，自己不仅仅是传授知识的人，而且还在教学过程中扮演着其他的角色，如组织者、监督者和示范者。除此之外，教师还要多多利用现代的教学手段，如信息技术，对网络课堂和校园网进行开辟，引导学生自主学习。同时，这样也能使英语学习朝着个性化的方向发展，不受到时间、空间的限制。

（三）摆脱母语的束缚

很多学生在学习英语的时候，很容易受到母语的束缚，或者过分地依赖母语。因此，教师在上课的时候要尽量创造条件，完全用英语来授课，也可以采用一些直观的手段来讲授英语，使学生摆脱母语的束缚。如果遇到一些较难理解的单词，要采用直观的方法和手段来解决教学难题，如让学生看图、看视频、看手势等，这样他们就能够养成思考的习惯。另外，在讲课的过程中还要巧妙地将一些重点的、复杂的句子进行引出和插入，这样学生便能够合理地联系上下文，充分理解课文内容。同时，这样也能够避免说出一些晦涩、难懂、生硬的句子，从而帮助学生对句子的含义能很快地理解。

（四）提高课堂的效率和质量

教师只有培养了学生的学习兴趣，才能激发学生的学习动力。如果学生学习取得了一定的进步，教师要进行鼓励和表扬。如果学习当中出现了问题，教师则需要进行及时的指导，并且精心安排教学的内容。此外，为了让学生充分地参与进来，教师要多多组织一些小组活动，通过小组合作来提高学生的竞争力和学习兴趣。最后，要将传统的英语学习方式和现代的英语教学手段相结合，比如多媒体教学设备等。因为语言环境缺乏，所以必须为学生创造一个好的语言环境。

（五）强化教学反馈

课堂中的教学活动能够传递教学的信息，作业和学习成绩也能够对教学信息进行反馈。所以，为了对大学英语教学进行改进，必须加强反馈。教师要想对学生的学习情况有所了解，并且知道自己在教学活动中的不足，必须合理地布置作业。作业一般被分为课堂作业和课外作业，课堂作业是学生在课堂上对学习内容的练习和巩固，课外作业则为学生提供了实践和实训的良好机会。所以，作业是教师和学生双方对教学效果进行检查、反馈的方法。另外，还要完善测试的方法。大学英语教学的重点在于培养学生的语言使用能力，以适应将来的发展。为了避免学生为应付考试而学习，教师不能只强调测试的结果，要将学业成绩的测试进行相应的调整，这样就能使教学评价和反馈更加具有真实性、客观性以及实际性。

第三章　高校英语教学中的思维模式

第一节　创新思维、模仿思维与英语教学

一、创新思维与英语教学

（一）创新思维在英语教学中的作用

学生学习英语的过程绝对不是简单的知识积累，而是要通过对知识的消化掌握，形成和纳入自己的知识体系，并熟练进行运用。这就要求在英语教学中主要培养学生的创新思维能力，注意运用各种创新思维的教学方法。运用创新思维的教学方法可以培养学生的创造性思维，强化学生在听课过程中的反思意识，建立和谐互动的师生关系，营造创新求索的教学氛围；同时运用创新思维还可以激发学生学习的主体意识，培养学生自主学习的能力，使学生加深对知识的理解和运用。

（二）创新思维在英语教学中的运用

1. 发散思维在英语教学中的运用

发散思维又被称作多项思维，是创新思维的一种类型，也是创新思维的核心内容。发散思维就是通过想象和联想来发现事物的新领域、新方法、新观点。因此，教师要在英语教学中运用发散思维，可以通过设计一些适宜发散思维的多媒体课件，设计一问多答、举一反三的问题。例如，在学习了"pay attention"这个词组之后，教师可以让学生进行发散性的思考：还有什么别的词组可以代替这个词组？有些学生会举出"focus on"，有些学生会举出"aim at"等，然后老师可以进一

步提问这些词句的具体区别。又如，在学习了"salary"这个词之后，教师可以让学生比较"income、salary、wage、pay"等词的词义区别，鼓励大家发散性地去思考问题。教师还可以让学生尝试着用学过的词语去解释新学的生词，加深学生对新知识的理解。通过发散思维在英语教学中的运用，可以使学生克服静止孤立思考问题的习惯，克服思维定式的消极影响，从而提高学生运用英语的能力。

2. 求异思维在英语教学中的运用

所谓求异思维，就是从同一材料中探求不同答案的思维，在课堂学习中可以要求学生用不同的语言表达同一内容，用不同的方法解答同一问题，从不同的角度分析同一人物形象，用不同的观念阐述同一作品的主题等，这些都是训练求异思维的活动。

求同思维适用于学生学习的共性因素，而求异思维则更容易适合于学生的个性心理差异，使学生更深入细致、灵活变通地掌握知识和解决实际问题。在英语教学中要主要运用求异思维，这是因为学生正处于心理、生理发育的最快时期，他们好奇心强，求知欲旺盛，喜欢求新存异，有一定叛逆的特征。这些都是在英语教学中运用求异思维的基础，英语教师在进行教学时，要抓住学生的这些心理特点，鼓励学生对问题发表自己的看法，激发学生的求异思维。

3. 创意思维在英语教学中的运用

所谓创意思维，就是通过视觉和感觉神经将记录下来的信息储存，然后将不同信息进行分类消化溶解到本体思维中，而当新信息涌入时，本体思维就会迅速对新信息进行逻辑判断，使本体思维在不断地注入新信息的同时产生变化，从而形成新思维的一个过程。在英语教学中运用创意思维，可以充分地借助现代信息技术和多媒体技术等教辅手段，设计多媒体教学课件，让学生对学习的内容有直接的感官认识。在使用多媒体课件进行英语教学时，要力求课件的作用能够达到使学生的形象思维转化为抽象思维，由感性认识上升为理性认识。同时，教师要在教学中对学生进行指导，让学生对学习的材料有充分的认知，同时把要教授的知识点融入课件之中，在学生观看的过程中，对其进行引导和启发，加强与学生的互动沟通。

4. 逆向思维在英语教学中的运用

逆向思维是对司空见惯的似乎已成定论的事物或观点反过来思考的一种思维方式，这种思维敢于"反其道而思之"，让思维向对立面的方向发展，从问题的相反面深入地进行探索，树立新思想，创立新形象。当大家都朝着一个固定的思维方向思考问题时，可以朝相反的方向思索，这样的思维方式就叫逆向思维。

在英语教学中运用逆向思维，就必须要求教师解放思想，敢于突破原有的一些思维定式。比如在教学中，教师不一定要严格按照大纲规定的教学进程，教师完全可以按照自己的教学思路，在确保学生可以接受的情况下，从有利于教学开展的单元开始教学。又如新一轮基础教育课程改革后，教学的内容分为必修和选修两个部分，必修的内容不一定要花较多的课时进行学习，选修的单元也可以相对多花时间进行学习。

综上所述，英语教学中创新思维的运用对于培养学生的创新思维能力、激发学生学习的主体意识、建立良好的学习氛围和师生关系具有重要的作用。因此，教师应注意多角度、全方位设计各种问题，激发学生的发散、求异、创意、逆向等思维，从而使学生对学习的知识由感性认识上升到理性认识，充分发挥学生在英语教学中的主体性作用，让学生根据所学的知识去创造、去探索，教师则要在学生创新、创造的过程中给予其必要的启发与指导，从而进一步增强他们学习和运用英语的能力。

（三）创新思维运用的方法

创新教育是对教育质量的巩固和深入，它强调在教学中教师应该把学生当作教学的主体，教师运用启发式教学方法组织各种活动来培养学生独立思考、自我创新的能力。为了发展学生的创新思想，必须把创新思维运用到英语教学中。怎样把创新思维运用到课堂上？这个问题就变成了所有从事英语教育工作的人该思考的问题，可以从以下4点考虑。

1. 研究教材，按自己的计划发展学生的创造性

例如，在"问路"这一课，教师不但要帮助学生记忆一些有关句子的问与答，而且要给他们创设一些生活情境，如学生知道路，但表达不清时应该怎么办？或者他们不知道路，但还想帮助一个陌生人时，又该怎么办？然后帮助他们学习并运用到实际生活中去。

2. 教学的组织

以前，教师在课堂上只讲知识，然后学生课后记忆，对大多数学生来说，他们在课堂上记不住，因此课后就必须花费许多时间，但是效果不是很好。在课堂上运用创新思维后，教师可以找一些方法帮助学生当堂记忆。例如当教师教一个动词时，学生表演一下这个动作，其他学生猜，然后集体拼读，或者让学生讨论课文内容并提问如果他们是本书，他们在课文中会写些什么，这样他们就会有学习的欲望。

3. 设计问题的艺术

它能使课堂变得轻松，能激发和帮助学生学习以及与教师合作，设计问题必须根据不同水平的学生设计不同层次的问题。问题必须有意义而且有趣味性。

4. 家庭作业的布置

教师应该让学生有更多的选择，提供一些不同层次的作业让学生选择，如果能完成得很好或使他们感觉有趣，他们就会进步。例如，以《项链》这一课为例，教师可以布置三个作业。第一，设想一下，玛蒂尔德知道事情的真相后她会怎样？就此让他们另外写一个故事。第二，把这个故事用自己的话讲给你的同学或朋友听，并说出从中学到了什么。第三，根据课文内容，用自己的话回答问题，如"玛蒂尔德是怎样借项链的？""她又是怎样丢的？"等，然后他们有选择地完成作业。除了在课堂上用这些方法外，在课后也有一些方法，如自学，教师可以推荐一些英文小说让学生读，然后让他们写出自己的读后感；组织英语角，或者给一些话题让他们讨论，如"你认为中国和美国有什么不同？""你对生活和成功的态度是什么？"等，然后学生就会自己思考并与别人讨论，或者给学生一些他们感兴趣的学习材料，如著名大学和名人的介绍、名人的故事，让学生阅读、记忆并讨论。在功课方面，学生必须思考、想象，这样不仅能够让他们学到知识，而且也能使其思考自己的生活、未来和为人处世。

为了成功地把创新思维运用到英语教学中，必须对教师提出一些要求。传统教学的主要目的是帮助学生学习前人积累下来的知识经验，然后让学生运用这些方法来处理再次发生的事情，教师是照搬知识的人，但在现代信息社会，对一个人来说最重要的事情是创新，教师必须知道怎样培养学生用创新的方法来处理问题的能力，因此对教师有了更多的要求，包括以下3点。

（1）转变教学观念

教师应使学生具备转变旧观念，接受新观念，创造新理念的能力，当知识老化的时候，能够自觉学习新知识。因此，转变观念非常重要，英语教师必须接受英语的变化，更多地注重听和说，因此学习英语时，应多练习口语和听力，不能只是照搬语法。

（2）形成现代教育理念

教育是为未来的发展服务的，如果一个教师只盯着分数，那么教育就会变化，现代社会是一个高科技的信息社会，教师应有现代的教育理念，了解社会对学生的需求，了解创造性教育、个性教育，抓住目标才能成为一个优秀教师。

（3）提高教师素质

人们常说，要给学生一杯水，自己必须有一桶水。如今，教师更应该是一个泉眼。因此，教师必须提高自己，不仅是在知识方面，而且也要提高自己的人格魅力。

世界在飞速地发展，如果没有创新精神，就跟不上时代潮流。英语是交流的一个重要工具，如果不精通英语，就不能向别人学习。学生是国家的未来，对他们来说，教学是学习英语的重要途径，因此教师必须不断学习，不断发展，关心国家，关心学生，只有这样，我国才能在国际竞争中取胜，只有把创新思维运用到教育中，才能真正做到"教育面向世界，面向未来，面向现代化"。

二、模仿思维与英语教学

(一) 模仿思维在英语教学中的作用

英语教学的目的是使学生掌握一定的英语基础知识，培养学生在实际交际中熟练运用英语的能力。因此，应该在教学中改变以教师为中心，偏重语法结构的分析、讲解及机械的句型练习的教学模式，采取以学生为中心的模式，加强训练指导，指导学生多模仿英美原声，让学生体验纯正英美发音和地道的语音语调，最后升华内化为学生自己的特色。

1. 提倡英语教学中的模仿

人类从出生到咿呀学语，从幼童到长大成人，可以说在人生的每个阶段都离不开模仿。这是因为模仿是人类学会做事情的主要方法，是一个人在学习过程中必然经历的阶段。

"模仿"一词在《现代汉语词典中(第7版)》中被解释为"照某种现成的样子学着做"。可以说，模仿就是人的一种本能。那么，如何提高学生的英语口语水平，使他们的发音、语气语调都地道纯正呢？模仿英美原声就是一个不错的选择，可以尝试以下方法。

（1）多听多读，知识输入

听读是人的大脑对知识输入的过程。如果学生能够经常大声朗读英语，便能够促进其记忆，有助于英语学习的提高。同时，英文是典型的拼音文字，与汉语大不相同，学生通过大声朗读便容易懂得拼读的技巧和规则。当然，为了更好地提高朗读效果，学生在朗读前一定要多听几遍，然后试着模仿，逐渐培养自己的语感。而要想有较大收获，就必须做到每天坚持听读，这也符合语言学科的特点。

（2）大胆开口，知识输出

有了听读作为铺垫，学生还要多讲多说。因为开口讲话正是语言的输出，只有语言的输出足够多，才能真正学会一门语言。作为英语教师，应尽可能多地为学生创设机会，让学生开口说英语，使学生克服怕说错怕丢人的心理障碍，让他

37

们不但在课堂上可以大胆地用英语交流,在课余时间也能积极大胆地用英语相互交谈。

可以在班级尝试性地搞英语角,每期给学生一个主题,任凭学生自己发挥,说错不要紧,就是锻炼学生开口说英语的胆量。这可以大大激发学生学英语的积极性,使学生对英语学习产生极为浓厚的兴趣,从而提高口语交际能力。

(3)扮演角色,兴趣推动

兴趣是引导学生学习的最好的老师。兴趣导航,事半功倍。教学中,可以尝试性地让学生进行角色扮演的游戏,为他们创设最真实的语言环境,让学生能够灵活运用所学语言处理实际问题。

2. 模仿时需要注意的事项

(1)选择正确清晰的英美原文

利用软件的跟读来训练自己正确的语音语调,提高流利程度,培养英语语感,这是模仿的必要手段。在指导学生选择听力材料时需十分谨慎,为学生把好关,免得学生把宝贵的时间、精力浪费在模仿错误的材料上。

(2)大声模仿,注意总结

大声模仿,这点特别关键。模仿英美原文时一定要大大方方,清清楚楚,注意指导学生口型要到位。当然,学生刚开始模仿不可能像外国人说得那样流利,此时应指导学生把语速放慢,慢速模仿,只有发音到位,口腔打开,音发准了以后,才可以逐渐加快速度,并逐渐采用中速和快速,最后直到脱口而出流利的口语。

(3)反复、仔细模仿,最后升华内化

英美原声的英语固然优美,但那不是一朝一夕就能够达到的,模仿时一定要有耐心、恒心和信心。模仿的练习必须反复进行,只有不厌其烦地重复模仿,才能达到量的积累,从而实现质的飞跃。但反复、重复的操练和模仿并不等同于机械地让学生做一些无用功。仔细透析一下便发现,学生在重复模仿的过程中,多多少少都增加了思考，他们在这一过程中，实际上会形成对发音规则的潜意识，最后经过不断地由强化训练到自觉练习，久而久之就会内化为自己的发音风格。

实践证明，模仿英美原声在英语口语教学中的作用日益凸显。模仿不但刺激了学生的积极性，而且能够真正地提高学生的英语口语水平，从而让学生在学习英语的道路上形成良性循环。而英语教师也在指导学生进行英美原声的模仿训练中掌握了技巧和经验，从而促进了教师自身业务水平的提高。可见，模仿的充分应用和正确应用能实现教师在英语教学中的双赢。

（二）英语教学中的模仿教学

1. 模仿教学的理论基础

众所周知，模仿是人的生物学本能之一，是人类获取动作技能、智力技能的有效手段。通过模仿，各种信息得以最直接地传递和接收，从而使知识的获取、技能的习得在自然而然中得以实现。英语教学中，教师若能科学有效地运用好这一手段，不但会缓解初学者对英语的陌生感、晦涩感，而且可以在潜移默化中培养学生对英语的兴趣，使学生从感性认识的层面认同和接纳英语，实现英语教学的良性、可持续发展。现代教育理论认为，模仿教学的理论基础是模因理论。模因理论是基于达尔文进化论的观点解释文化进化规律的新理论，该理论的核心是模因。关于模因的定义，有两个形成阶段：前期被认为是文化模仿单位，其表现为曲调旋律、想法思潮、时髦用语、时尚服饰、搭屋建房、器具制造等模式；后期的模因被看作大脑里的信息单位，是存在于大脑中的一个复制因子。模因复制的基本特征是模仿，它因模仿传播而生存，语言是它的载体之一。从模因论的角度看，语言模因揭示了话语流传和语言传播的规律。语言本身既是一种模因，也是模因传播的载体，它的功能在于传播模因。模因理论为语言演变引入了信息复制的观点，也为英语教学提供了一种新的研究思路，启发教师在英语教学中可以借助模因复制和传播的方式有效地引导学生进行模仿和套用，提高语言的实际运用能力。

2. 模仿教学的分类

模仿教学是多方面的，按照模仿的不同内容可分为对语音的模仿、对形态的模仿以及对语义的模仿。

（1）对语音的模仿

语言学科最主要的信息是声音。对语音的模仿包括模仿语音，模仿语调，模仿语速、语气以及模仿声音的节奏。基于此，教学重点就是语音的听、说、读到模仿训练。听音练耳，学腔模调，鼓励学生积极参与，大胆表达，侧重提高他们对语言的感受和初步用英语进行听、说、唱、演的能力。学生的语言表达能力总是在模仿、使用中提高的。因此，正确地学好发音，对学生学习语言至关重要。

（2）对形态的模仿

口腔是发音的重要表象，无论是单词、句子，还是对话教学，学生都要通过口腔进行语音操练，用身体来表达的意思是非常丰富的。教师在教学过程当中可以恰当地辅之以某些身体动作，使学生在表演的过程当中进行学习，这将会激起学生的学习兴趣和学习热情。因此，结合自己的教学内容，让学生边模仿动作边朗读，尽可能把学生的注意力都集中在教学内容上。课文中涉及动作的内容，除了单纯的朗读、讲解外，教师可以通过让学生进行动作的模仿表演，加强对知识点的理解和记忆。例如"Hands up/Put down your hands/Close the door"这类句型，教师完全可以让学生边做边说边学，学生注意力提高了，兴趣浓厚了，句型也就记住了。再如，在教动词的时候，教师可以找学生到讲台上表演动作，让其他学生来猜；也可以说英语，让他做动作。看动作说英语这样的效果非常好。

（3）对语义的模仿

语义模仿，是让学生在教师创设的简明语境中对语言材料的部分内容进行替代、更换的模仿方法，其目的是让学生通过在有意义的情景中模仿，不再跟着教师或录音依样画葫芦，而是进一步理解所模仿材料的意义、用法，强调句子在语义上的功能，在掌握语言材料基本结构的同时，真正明白所模仿的语言表达的意思。

按照模仿不同的阶段来划分，模仿可分为机械性模仿、意义性模仿和创造性模仿三个阶段，在每一个阶段，学生的模仿内容和老师所起的作用是不尽相同的，以下分阶段来谈一谈。

第一，机械性模仿。机械性模仿是语言模仿的初级形式，也是语言学习的必由之路。机械性模仿主要是通过纯口腔性的操练，帮助学生对新学的知识形成比较稳定的语音形象。例如在音标教学中，大可不必把每一个音标的发音部位、发音方法像体育老师教授体育动作那样将动作分解、示范、操练、整合，只需控制好教学气氛让学生进行模仿，让其感觉模仿恰似婴儿牙牙学语般新奇有趣，使学生感到模仿也是一个语音信息、语言信息的交流过程，学生就会饶有兴趣地"人云亦云"，只要老师的发音是准确的，学生的发声器官是健全的，模仿的效果就必然是好的。

第二，意义性模仿。意义性模仿是让学生在有意义的情境中进一步地进行替换性模仿，以理解所模仿的语言材料，明白所模仿内容的意思。例如在学习"there be"句型时，教师可以把不同的东西放在同一地点或把同一个东西放在不同地点，让学生在预设的情境中进行替换性模仿，组织能够表达一定意思的句子，相互之间进行问答练习，从而很好地理解所学句型的意义。

第三，创造性模仿。创造性模仿是模仿学习中的最高层次。创造性模仿是指在机械性模仿和意义性模仿的基础上，将模仿而得的语言内化为学生自己的语言，并在新的情境中进行新的选择和组合，创造性地运用模仿前期所获得的语言知识，让语言在新的情境中为真正的交流和表达服务。

创造性模仿的一大特点是：此时的模仿已不再是原模仿语言的简单再现。它要求学生在创设的新的语境中，对所学的语言材料进行选择，组合成符合新情境的新内容。它需要经过思维、想象、创造性地运用模仿前期所获得的语言知识，将模仿到的结构重新组合成新的结构，在新的情境中自由发挥和表达自己的思想和感情。例如在学习了如何谈论天气之后，教师可以让学生自由组合成小组来做调查，用"What's the weather like today?""What's the weather like in your hometown?"等句型进行问答，了解有关的天气信息。这样一来，既促进了知识的迁移，又促进了学生思维尤其是创造性思维能力的发展。

总而言之，模仿作为一种教学手段，既是英语教学的必由之路，也是学习英语的一种途径，持之以恒地引导学生进行科学有效的模仿是大有裨益的。如果有一天，英语像母语一样渗透到学生的语言和思维，那必将是教学工作结出硕果的时候，这其中，当然也有"模仿教学"的一份功劳。

第二节 艺术思维、理科思维与英语教学

一、艺术思维与英语教学

（一）艺术思维在英语教学中的作用

随着经济的发展和社会的进步，人们对于物质文化生活水平的要求不断提高。人们不再满足于一般的物质需求，而追求更高的文化生活和艺术的享受。社会从而加大了对艺术人才的需求，加上多年来的高校扩招，大批艺术类学生涌入高校。这对高等教育提出了更高的要求。同时，艺术人才参与国际竞争与交流也越来越成为必要，而英语是艺术人才进入国际平台的基础条件。它不仅是实用的交流工具，也是艺术人才自身素质和层次的重要体现。因此，艺术类学生的英语教师应充分认识到英语教学对培养艺术人才综合素质的重要作用，进而研究影响此类学生学习英语的因素及教学对策。

艺术类专业学生在学习英语的过程中会不自觉地受到艺术思维方式的影响，艺术思维方式在他们英语知识的学习和语言交际能力的培养上起着引导作用。艺

术类专业学生作为学生中的一个特殊群体，其艺术思维方式特点使其在英语学习中存在着群体差异和特殊的心理倾向。

（二）艺术思维的特点及教学方法

根据思维任务的性质、内容和解决问题的方法，思维的种类可以分为直观动作思维、形象思维和逻辑思维。形象思维是指人们利用头脑中的具体形象（表象）来解决问题，表象的主要特征是直观性。直观的形象为概念的形成提供了感性基础，并有利于对事物进行概括的认识，促进问题的解决。艺术家、作家、导演、设计师等更多地运用形象思维。

1. 艺术思维的第一个重要特点是形象性

艺术思维是直观类思维方式的一种，是与形象思维有直接关联性的特殊思维方式。在艺术思维活动中，思维的对象并不是抽象的概念和命题，而是具体、直观、形象化了的东西。因此，在英语学习中，艺术类专业学生会趋向喜欢形象的东西，如更多地关注老师的体态和姿势，希望老师能借助音调、节奏、手势语、体态语等生动的形象语言来授课，或是喜欢有插图的教科书。

对此，艺术类学生的英语老师应努力使教学过程形象化。形象化的英语教学首先应遵循模仿原则。语言是人们在长时间的实践中形成的认同符号，孩子学语言是个模仿的过程。他们每天模仿父母、周围的人、电视等一切可以模仿的东西，并且模仿得越来越像。然后，他们渐渐停止了模仿，并且逐渐形成融合自己个性特征的语言方式。模仿是学习英语的基础，创新源于模仿。作为英语学习者，必须模仿已有的东西。只有通过模仿，真正掌握了英语的灵魂、精髓之后，才能形成自己的语言风格。艺术类学生对语言的模仿就是对具体直观的形象的模仿，这种直观的形象反过来也就要具有艺术性。这要求教师能通过优美的板书、得体的教态、幽默的语言和机智的课堂表现，向学生展示其人格魅力和艺术修养，借此对他们进行潜移默化的感染。在教学过程当中，教师可利用简笔画、英文歌曲、英语绕口令和短剧表演等表现形式来增添教学的艺术性，使学生获得足够的审美体验。教师还要注意对课堂教学的调控，使其富于变化，有高潮、过渡，交替自然，难易适中，能调动多种感官活动。一堂好的英语课就像一首美妙的乐曲，应该是跌宕起伏、动静结合的既有酣畅淋漓的热烈感受，也有恬静安详的轻松氛围。

2. "想象性"与"非逻辑性"是艺术思维的另一个特点

在艺术思维中，主体总是浮想联翩，脑海中自始至终都不断地进行着较清晰、较具体的形象思维活动，表现为一个创造性的综合想象过程。这一思维过程打破了逻辑思维的常规性和有序性。因此，艺术类专业学生在英语学习中倾向于能使他们进行想象的人和物，如生活中的一个故事、一段情节、一个场景、一段旋律等。因此，老师可以结合授课内容适当选择有利于构造明确、具体形象的辅助材料，并且采用学生较熟悉、易操作的内容或方式来组织具有想象性的课堂活动。例如请学生想象自己未来的生活状态，看图想象说话、作文，或为某一篇课文设计另外一个结尾等。

另外，教师可以结合生活，扩大学生的词汇量。在讲单词的时候，教师可以拓展其派生词并联系生活，引起学生的联想。最后，建议学生把英语学习融入课外生活当中，平时多注意观察生活中所接触到的英文单词，如逛街时的英文店名和商标，吃饭时的"吮指鸡"，洗手间的"手帕纸"等。这些方法会激发学生的学习热情，提高学生学习的主动性。

3. 艺术思维是感性的

艺术思维是一种渗透着主体浓烈情感因素的思维活动，是一种寓理于情的思维。因此，在英语学习中，艺术类专业学生对充满强烈情感体验的课堂活动会表现出极大的热情。例如学舞蹈的人听到乐曲会情不自禁地随着节奏摇摆，学音乐的人听到熟悉的音乐会和着唱起来。老师在课堂中可以播放一些能够震撼学生内心情感的英语影片供学生欣赏，或把课文内容改编成戏剧，并由学生担任角色表演，以此促进学生的英语学习。

很多艺术专业的学生对英语的学习态度是消极的，也就是说，班集体的消极情感占了主导地位，通常导致学生被动学习和抵制学习。教师要善于调动班集体的积极情感，发现学生的长处，善于捕捉学生的每一点进步，并让学生感受到自己的进步，进而坚定学习的信心和决心。教师要善于鼓励，及时反馈，要创造机会（如竞赛、表演、演示等），让学生展示自己学习的成果，使学生体验到一种成就感。这种成就感不仅可以激发学生进一步学习的信心和决心，而且可以形成英语学习的良性循环。

另外，也可以尝试小组学习，即把大班分成自我驱动的小组，在小组中进行合作学习，这是人本主义心理学家倡导的一种学习方式。合作小组由4~6个学生组成，他们由于共同的目的而团结起来，为完成任务、使每个人得到提高而一起学习。小组学习的形式有拼版式、小组调查、角色扮演、学生小组成就分工法、小组讨论等。小组学习使学生能在轻松合作的氛围中学习，发挥团队合作精神，体验集体感、荣誉感和成就感。

人们往往把思维活动分为逻辑思维和形象思维，而语言则和逻辑思维密切联系，艺术主要表现为形象思维。艺术类专业学生也具备逻辑思维方式，但由于受到艺术实践的影响，逻辑思维在思维活动中不占主导地位，这恰恰是艺术思维在英语学习中的局限。可以从思维方式的差异分析入手，联系到语言习得，结合英语教学理论，进而探讨适用于艺术思维的英语教学方法。

经初步证实，英语形象教学法能较好吸引艺术类学生的课堂注意力，增强学生在课外生活中联想英语学习的兴趣，从而对艺术类学生的英语学习起到一定的促进作用。

二、理科思维与英语教学

随着新一轮基础教育课程改革的实施、英语课堂教学改革的深入，在精彩的英语课堂教学环节中，课堂教学的有效性显得尤为重要。课堂教学有效性的关键就是平时的教学要结合学生实情，让理科思维融入英语教学，给学生以语言实践，突出课堂高效。

英语教学教无定法，没有一种教学方式可以适合所有的学生和所有的课堂，应视不同的教学对象施行不同的教学方法，即要因材施教。总之，对于英语课堂教学效率的提高，方法是多样的，仁者见仁，智者见智。个别教师认为，英语教学只不过是扩大学生的词汇量，向学生介绍语法使用的方法，将词汇辨认和语法分析贯穿于阅读。学生为应付考试盲目做题，不注重拓宽知识面，不能融会其他课程的思维来进行预测、判断及推理，最终导致学生认为，记下课本单词、背好课内语法就可以学好英语。从事教育的教师应该从"爱心倾注，构建和谐师生关系"来进行教学。

（一）理科思维与英语教学概述

理科是实验性学科。但是，也有大量的文字笔记需要记忆。而这些笔记则是教科书知识的浓缩、补充和深化，是思维过程的展现与提炼。"看，记，思，展"这一思想既贯穿理科，同样也适用于英语。让英语走进理科情境。

1. "看"

看实验中的现象。在掌握最基本的物理性质的前提下，通过现象掌握核心的化学性质。看英语单词构成和句子逻辑，看清构成单词的字母顺序，对于学生学英语这点很关键，因此在教学时要提醒学生意识到这一点主要是看句子逻辑，看清句子成分，即主、谓、宾、状等。

2. "记"

记实验现象，记方法步骤。对于英语单词，一定得记标准发音，其实熟读便是记。对于句型，同样以读为记。

3. "思"

思分子构成，想象其空间模型。英语中则要思各种时态的细微差别，一种时态对应一种标志或暗示。这就需要教师在平时教学中引导学生自己思考总结。

4. "展"

展，即拓展。有机化学中，一种分子结构可以构成几种物质，这就是物理本质上进行化学性质的改变。而在英语中需要怎样的拓展呢？课内英语的基本词汇量其实不多，都是在基本单词的基础上添加"y、ly、d、ing"等一些词缀。类似于这样的词，就可以合并记忆。比如在学"It is to do sth."这个句型时，课本答案为difficult。其实，大多数形容词都可以应用到这个句型中。

（二）英语教学的"同课异构"与回归

所谓同课异构，就是立足教学实际，同课是基础，异构是发展。基础内容是前提，而所采取的教学方法和策略各有不同，运用不同的构思来进行有效教学，这就构成了不同结构的课程。这种全新的理念无疑是提倡运用理科的逻辑性思维创设英语教学环境与流程。让传统的死记硬背式"文"英语变成可灵活掌握的"理"英语。但教学过程往往会受到教师、学生、媒体等诸多因素的影响，因此教师应该综合考虑各种因素，坚持以学生为本，所创设的理科情境要有一定的真实性和现实意义，不仅要注重学生的兴趣，更要注重所创设的教学情境要紧扣教学知识和教学技能。

（三）"理"性运用现代教学技术

现代教学技术作为一种现代化的教学手段，已被广大教育工作者认可。但是，如果把现代教学技术仍停留在将小黑板换成投影屏幕或电子白板这一层面上，就不能充分发挥现代教学技术的全部功能，也就不能真正体现现代教学技术在教学中的价值。所以，如何更有效地利用现代教学技术很关键。

英语是一门实践性很强的学科，听、说、读、写要一起发展。如同建造房子，单词是砖块，语法是设计图纸，做习题是实际建造，听力和语言表达是完善的装饰功能。教师必须把学生置于运用语言的活动中去感知、分析、理解、操练，从模拟交际到真实交际，以期达到真正掌握英语的目的。所有这一切都必须靠发挥学生的主观能动性，激发他们的学习兴趣，使其形成良好的学习动机，同时教师为其创造良好的客观条件，才能有效地实现。即使是一个好的方法，经常用也就失去了它的魅力。为了激发学生的兴趣，教师应提高知识层次和各项修养，才能达到良好的教学效果。拉近师生的距离，让学生在轻松愉快的环境中体会到学习英语的快乐，最终使每个学生都能得到很好的发展。

（四）让多媒体真正融入英语教学

英语教学中使用多媒体辅助教学已成为许多教师的首选。多媒体教学在帮助教师教学的同时，也改变着英语课堂的教学模式和教学氛围。这种改变有其积极的一面，也有其负面的影响。要正确地发挥多媒体这一先进技术的作用，使其融入日常英语教学，为教师和学生所用，而不是成为教师和学生的负担。教师能够利用互联网和多媒体更好地丰富教学资源、提高自身专业素养；学生能够利用互联网和多媒体开阔眼界、提高自主学习和合作学习的能力。

随着科学技术的日新月异，人们对多媒体技术的使用已深入生活的方方面面，多媒体技术在课堂教学中的运用也趋于成熟。在城市中，大学和中小学都配备了基本的多媒体教室和多媒体教学设备，针对英语这一科目，多媒体极大地丰富了教学资源和教学手段，使学习英语变得更加直观具体，教学变得更加生动活泼、丰富多彩。

使用多媒体教学既有其优越性，也会产生一些负面影响。例如，现在有一种倾向，大多数的英语公开课必须用上多媒体，如果没有它的存在，会被认为这堂课"太守旧、传统、没有创意甚至没花心思去备课"。总认为只有多媒体能充分激发学生的学习兴趣，提高课堂效率。但实际情况确实如此吗？有时多媒体教学课就像走进了一个小小的放映室，艺术性尚可，内容十分丰富，气氛也很热闹，这是传统教学中所缺乏的。但人们需要的是将教学的艺术性和实用性完美地结合在一起的多媒体课，不仅要"好看"，而且要"有用"，内容服务于形式，切忌为了追求形式的新颖而影响了课堂教学的实质。

多媒体辅助教学因其独特性，逐步开始占领英语课堂教学。不可否认多媒体的优势，即容量大、节奏快，且可以从视觉、听觉等方面对学生的感官进行刺激。但在实际教学过程中，由于过多地使用造成英语课堂失去了初衷，多媒体备课也成为教师的负担，更使学生的发散性思维受到了抑制。多媒体变得不再是辅助教学，而是影响教学质量，这就有些得不偿失了。

如何才能够更好地发挥这一先进的工具，使它恰到好处地融入英语教学中呢？可尝试以下方法。

1. 让图片展示变得有价值

许多教师在用多媒体上英语课时不知不觉就变成了图片展，一些图片的存在只是为了渲染气氛，或者引出教师的一个提问。而这些让人眼花缭乱的图片确实有存在的价值。在实际的英语教学活动中，图片的展示是有必要的。为了使学生能更好地理解一节课的主题，可以精选几幅有代表性的图画，不断地、反复地针对这些图片设计不同的问题，或给出不同的解释，"一图多用"而不是"一图一用"。这样不仅能节约教师的准备时间，而且避免了因信息量太大而偏离主题，学生也能在有限的图片材料中反复体会，加深印象，锻炼说和写的能力。这样的图片展示才会变得实用，这样的教学才有价值。

2. 让黑板回归课堂

如今，英语教师在用多媒体上英语课时，黑板似乎变得不复存在。一堂课的导入、单词讲解、语法、课堂提问、课堂活动甚至练习的材料和答案统统都装入了制作好的多媒体课件中。课堂上教师只要轻点鼠标，想要的内容就会在屏幕上呈现，且顺序也可以随时调整变化，十分快捷和方便。

这样的一堂英语课，学生的脑海里恐怕除了一张张翻来覆去的幻灯片以外，再没有别的印象，可能笔记忘了记，重难点也把握不了，甚至有学生课后向教师复制一份回去复习，其教学效果可想而知。其实，教师在运用多媒体的同时也不要忘了那块被隐藏在后面的黑板。板书的魅力是任何教学设备都无法代替的。精美的板书的吸引力绝对大于一幕幕闪过的画面。学生通过教师在黑板上一步步深入讲解或描述，跟随教师的笔和黑板上的文字不断地思考。教师在黑板上表达对事物的看法、对问题的解释或推理时，学生在下面边听边记边思考，这就是师生之间最简单的互动，是教师、教材和学生三者之间的一种交流，如果遇到学生提问，或教师突然的一个想法，可以立即写下进行讨论讲解，这是多媒体教学无法替代的。多媒体的程序化，使呈现的教学内容受到多方面的影响。例如，制作多媒体课件的人员（教师）的技术水平高低、设备条件的好坏、制作花费的时间等，这些方面一旦出现问题，势必会影响教学效果，而现场想要更正或改变却不太容易。而板书却能灵活调整，在不同的地方显示不同的内容，可以利用文字、图形、表格、线条等来帮助教师更具体地表达教学内容，学生也能从板书的书写顺序、排版方式上理解并在脑海中形成空间印象，对内容的理解也会更加立体、清晰。所以，一个精致的板书，会让一节课锦上添花。

3. 让学生成为课堂的主角

在英语教学过程中，有些教师会尽可能在课堂的各个教学环节上运用多媒体，学生和教师都不可避免地被多媒体影响，教师对着多媒体的内容照本宣科，甚至与学生的交流也用其代替，只按照事先设计好的步骤进行。学生虽然被这些课件吸引，却又没有完全进入学习状态，结果放映结束时就成了课程结束时，课后学生也无法回忆起这节课的内容，记住的或许只是教师准备的精美图片和电影片段。这无疑成了多媒体喧宾夺主的一堂课。

如今，教学强调以学生为中心，特别是英语这一语言学习的教学更是如此。教师一味地用多媒体的变幻来吸引学生的注意力，把制作画面精美的、充满各种动画的课件作为备课的主要任务，而忽视了关注学生在课堂中的学习状态和学习方法，甚至忽略了与学生的交流和互动。不能让多媒体来主宰课堂。在充分利用多媒体来创设近似自然的语言环境，加强视听能力方面的培养，开阔学生的视野的同时，也不要忘记学生才是课堂的主角，要充分发挥他们的主体性和创造性。

4. 让多媒体成为促进英语教学的利器

多媒体教学为人们提供了更加实时的、广泛的、多视角的资源，在这个互联网和多媒体盛行的时代，英语教学也因它的存在变得生动活泼、丰富多彩。教师和学生可以充分利用这一工具，把枯燥的课堂变得活跃，把现实与课堂拉得更近。英语学习更是可以充分利用网络和多媒体的优势，不仅是在课堂上更加自然地接近真实的语言环境，更是在课余时间也能有针对性地学习和提高英语水平。

（1）教师指导学生合理运用互联网进行英语学习

首先，教师可以指导学生多查阅英文网站，浏览新闻报道，了解世界各地正在发生的重大事件，从中学习各个领域（如政治类、经济类、艺术类、体育类等）的重要的词汇表达。指导学生将新闻中常见的词汇分类记录，有助于学生词汇量的增加，使其自主学习的能力得到培养。其次，除了各类网站的浏览，教师也可以为学生放映一些介绍英语母语国家的风土人情、文化艺术等方面的人文科普类的短片，培养学生的跨文化意识，使其对主要英语国家的政治、经济、生活方式、宗教文化等有一个全面的了解和认识。通过对这些内容的学习，能够了解世界文化、培养世界意识，也能够通过与中国文化的对比，加深对自己国家文化的理解。另外，教师可以利用网络资源补充一些课本上缺乏的、最地道的英文表达方式，如常见的成语、俗语，交际中常使用的俚语等，使学生的英语学习不再是为了考试题目，而是实实在在用于日常交流；教师应培养学生自主学习的能力，如课前布置一些与课文内容相关的问题，让学生利用网络查找资料，并在课堂上展示，而学生展示的内容实际上是与教师课堂的要点息息相关的，这样不仅锻炼了学生归纳、总结的能力，让他们在学习中学会合作、愿意与他人分享各种学习资源，也能花更少的时间得到更多的资源和知识，教师与学生不再是单纯的"教"和"学"，而是相互学习、相互合作的关系，这样的课堂比教师单独讲授更具吸引力。

（2）学生学会运用多媒体网络自主学习

现在的英语课堂教学大多是大班制，学生的英语水平参差不齐，而教师要实行所谓的"因材施教"也较困难。且在课堂时间较短、内容较多时，也只能以教师的讲解为主，学生并没有更多的时间消化、吸收，互动也少。而网络在线学习给学生提供了课堂以外复习的另一课堂。网络课程趣味性强、自主性强、资源丰富，学生可根据自己的课堂学习情况随时自学或复习、预习课文的重难点。课堂上，师生可以在线进行讨论，共同解答疑难问题，学习完成后会有同步的练习可以作答，并立即评分、讲解。这有助于学生养成自主学习的习惯，帮助不同层次的学生选择适合自己的节奏、方法进行自我提高。学生在课余时间可以利用网络对听、说、读、写进行针对性的训练，如下载各种英语有声读物、英语听写训练、英语新闻、英语小说等。这就需要学生在充分了解自己的情况下，根据不同的情况进行选择，这也是培养学生自我认识、自我分析、自主选择能力的好方法。

（3）师生网上互动交流

英语论坛能够提供一个轻松、自由的语言氛围，教师可以利用这一点在校园网或其他网站开设"英语学习加油站"，不同于学校中的教学，在这里学生可以聊各种话题，教师也可以提供一些话题供学生思考，而学生可以在此积极发表各种见解，在这之前学生必须充分准备。不同于学校的面对面，学生可以匿名，回答没有正确、错误之分，目的是让学生用英语充分表达自己的见解，体现自己的个性。

教师也可以利用这个"加油站"上传一些资料给学生，学生可以根据自己的需要下载查看，同时学生也可以补充教师的资料库。通过这些互动，拉近师生的距离。网络为课余的师生交流提供了一个更好的平台。

（4）**教师应利用网络提高专业水平**

作为语言教师，英语教师大多没有国外学习的经历，而教师自身英语水平的提高就变成了终身学习的过程。互联网可以在很多方面帮助英语教师不断提升自我，网络可以为教师提供各种资源，包括备课资源、课堂资源、专业发展资源等。

在目前英语语言环境缺乏的情况下，通过在线收看英语国家的新闻、电视，听英文歌曲、广播等可以弥补语言环境上的不足。在教学方面，各类教研网站为教师提供了交流心得、展示成果的平台。教师可以通过对同行的教学论文的研读，借鉴教学课件、方法、试题精品，丰富自己的教学理论，总结出最适合自己的教学风格和教学方法。对一个教师来说，只有不断地提升自我，才能为学生提供更高质量的教学，才能真正做到为人师表。

第三节　思维模式负迁移与英语教学

一、汉语负迁移与英语教学

迁移是学习中的一种普遍现象，它广泛存在于知识、技能、态度和行为规范的学习中，也正是由于迁移的作用，所有的习得经验几乎都是以各种方式相互联系起来的。在英语学习中，负迁移现象的产生，一方面与学习者本人的认知水平较低有一定关系，另一方面也与教师在教学中忽视学生相关能力的培养有关。

（一）文化迁移的定义

已有知识对新知识学习产生影响的现象被称作迁移（transfer）。促进新知识学习的迁移称为正迁移（positive transfer），阻碍新知识学习的迁移被称为负迁移（negative transfer）。行为主义心理学认为，英语学习中所犯的错误或遇到的障碍多是学习者母语习惯负迁移的结果。文化迁移则是指由于人们下意识地用自己的文化规则和价值观来指导自己的言行和思想，并以此为标准来评判他人的言行和思想。

（二）汉语文化负迁移对英语学习的影响

因为英语学习者是在已具备了一套具体语言规则的基础上进行学习的，他已完成了依靠语言社会化的过程，其社会身份已确定，在学习英语时，其已有的语言知识不可避免地将成为学习英语的参照系，其原有的世界观、价值观等不可避免地发生迁移。因此，许多中国学生的语言学习其实都是"英语语法 + 英语词汇 + 中国文化背景"，他们把英语镶嵌到自己母语文化背景之中，割裂语言与文化的关系，造出了许多"Chinese English"而不是"idiomatic English"，造出了许多的"discourse in English"而不是"English discourse"。英语教师应该设法让学生了解学习过程中会出现的文化冲突，对母语和目的语进行分析比较，减少或阻碍文化的负迁移，促进文化的正迁移，从而提高语言交际能力，提高学习效率。

同时，从文化迁移的角度来看，要培养出具有很强语言交际能力的学生，教师需要很高的素质。教师不但应有深厚的语言功底，还必须具备较高的东西方文化修养、很强的跨文化意识和跨文化交际能力。

（三）防止汉语负迁移的教学原则

1. 情境性原则

语言作为交流的工具必然与特定的情境相联系，如果脱离实际运用而单纯孤立地学习语言知识，那么势必会导致最初学习时的语言情境与将来实际的应用情境相差太大，造成迁移受阻。在汉语环境中学习英语，在一定程度上增加了学习的难度。如果不考虑这一特点，而是脱离实际、孤立地学习英语知识，则尽管学生在头脑中储存了所学的语言知识，这些知识有可能仍然处于惰性状态，难以在适当的时候被激活、提取出来加以应用或迁移。为此，教学中应考虑情境因素在语言学习中的作用，充分创设并利用各种情境，以使语言迁移达到最好的效果。

2. 鼓励性原则

个性特征是相对稳定的心理品质，这意味着个体在进行语言学习与知识迁移活动时，不可避免地受个性特征影响。个性特征影响学生的整个学习过程，自然也影响迁移过程。在英语教学中，教师应充分考虑到这一点，鼓励学生用英语进行交流，努力尝试运用新的不同的方式来表达意义，对于学生主动使用英语的意识及其行为给予充分的肯定和支持，鼓励学生正视英语学习中的错误。同时针对学生可能存在的个性问题，教师要正确引导，使学生成为一个积极的英语学习者。

（四）汉语负迁移下的英语学习策略

语言教学应是渐进地、自然地、启发式地、关联地，而不是集中、说教、注入、孤立式地教学。文化随时间、地点、人物的角色变换而发生变化。因此，作为文化中介人的教师，在教学中，应以培养学生的跨文化交际能力为目标，以汉语文化和英语文化为内容（还包括其他文化），除高雅文化外，还应涉及大众文化习俗、仪式及其他生活方式、价值观、时空概念、解决问题的方式等深层文化的内容，所讲授的文化信息来源应多渠道，如阅读、交流、大众媒体、实例分析、调查、到目的语国家实践等，多角度介绍来自不同文化背景的人编写的文化材料，并从汉语文化、英语文化及其他语言文化等多重角度看待英语文化，采用启发式教学，强调实践，注重学习者的个人参与。教学方式可采用对比法，如让学生就某一方面将英语文化与汉语文化进行对比，找出异同，突出强调同汉语文化存在差异的英语文化现象，可以尝试从多重角度特别是本族人的角度对英语文化进行理解，从心理上认可其在英语环境中的合理性，调整自我观念，超越文化隔界，以开放的态度从不同视角看待和理解母语文化和异国文化。以上目的可通过阅读、倾听、交谈、观察、调研等多种方法和老师、其他学习者、亲朋好友、来自英语国家的人的交流渐进地、自然地实现。

不同的民族有不同的文化，各民族的文化既有个性又有共性。共性为跨文化交际提供依据和保障，个性却构成跨文化交际的障碍，进而引起文化的迁移。文化迁移受交际双方文化背景以及思维方式的影响，在语言使用中会产生诸多文化迁移现象。探讨英汉文化迁移有助于消除交际障碍，拓宽视野，促进文化交流。

二、汉语负迁移与英语语法教学

汉语作为母语，难免对英语语法学习产生影响。许多英语语法错误都是因为汉语的负迁移所致，在英语教学中应正确引导学生学习英语语法。

（一）语言迁移的本质及理论

语言迁移是指学习者在使用第二语言时，借助于母语的发音、词义、结构规则或习惯来表达思想的现象。任何有意义的学习都是在原有学习的基础上进行的，有意义的学习中一定有迁移。中国学生学习英语，不可避免地受到来自汉语的影响。因为汉语作为原有的经验，是新的语言学习的一种认知上的准备，不可避免地参与到新的语言学习中。无论语间迁移，还是语内迁移，都存在着正负两种同化性迁移。而汉语向英语各个层面上的正负迁移更是为人们所熟知。在学习英语语法时，很多人总是用汉语语法去套英语语法，如将"他每天都学习英语"说成"He every day study English."；再如，汉语中"好好学习，天天向上"，说成"Good good study, day day up."等都属负迁移。

许多学生在学习英语的时候会习惯性地把母语语言习惯强加在英语上，于是母语的负迁移现象便层出不穷。这些负迁移现象通常表现在文化因素、语音、词汇和语法等方面。汉语作为母语，对于中国学生学习英语的干扰是多方面的，涉及语音、语义、句法结构等各个层面，在语法方面的表现尤为突出。受母语负迁移影响，学生在英语学习中较多侧重于词法和句法的学习和使用，而缺少对语法整体结构的认识和理解。

在英语教学中，学生掌握不了句子的主要意思和分句本身所存在的逻辑关系，导致其主次不分；汉语中很少使用被动语态，且被动句中通常含有被动标志词如"被""由"等，而英语中被动语态的使用十分普遍，且被动意义有时是单纯地通过句子的形式所表现出来的；英语中用"it"做形式主语是一个非常普遍的句型，而汉语中则缺少这一现象。这些语法错误都是受到汉语的影响即汉语的负迁移所导致的。

汉语对英语语法学习负迁移主要包括名词、主谓一致、代词、介词、时态、被动语态等几个方面。为了进一步了解学生因汉语负迁移所产生的语法错误的具体表现及出错原因，需对每一种语法错误进行分析，下面是分类后的一些典型的语法错误及可能的原因分析。

汉语中对代词的使用很简单，主格和宾格一样，在所属格的词尾直接加一个"的"字即可，名词性物主代词和形容词性物主代词一样，反身代词也是通过在词尾加"自己"就可以实现；而英语中每一种格对应着不同的形式。

在形容词和副词比较级的使用方面，汉语和英语之间也存在着一定的差异：汉语是通过在某个形容词前面加个"更"字来实现的，而英语则是通过对形容词本身变形来实现的，而且形容词变比较级也有几种不同形式。

关于主谓一致，英语和汉语之间存在着很大的差异，汉语可以说"我是一个学生，你是一个学生，他也是"，但英语必须用不同的be动词形式。换句话说，汉语中主谓一致并不影响语言的表达形式，而英语中主语的变化则会导致谓语形式的变化。

动词时态方面，汉语对时态的表现形式并无严格的格式限制，如"昨天当他到达车站的时候，火车已经开走了"，但在英语中对时态的表示有严格的格式要求，此句从句须用一般现在时，主句用过去完成时。

（二）英语语法教学的现状

随着英语改革的不断深入，各类高校英语教材在内容上也随之发生了变化，由原来以体现语言知识为编写宗旨转向了现在以提高学生听说技能为主。在英语课堂上，教师越来越多地使用交际教学法和听说教学法激发学生开口说英语的兴趣，这就阻碍了以语法知识为中心的语法翻译教学法的实施，在很大程度上削弱了语法教学。交际法和听说法的使用大大提高了学生口语表达能力，但是在进行语言交流的过程中，很多学生却不能准确表达自己的思想，这是因为英语对学生的词汇量和信息量有很高的要求，只注重听说训练，忽视语言点（词汇、语法）的教学不能很好地巩固学生的英语基础。

在推进英语教学改革的今天，人们强调的提高学生的英语运用能力便只能是空中楼阁。因此"还语法教学本来面目""让语法教学重返课堂"的呼声在英语教学上越来越强烈。

（三）避免汉语语法负迁移，加强英语语法学习的主要策略

1. 中英文语法对比

由于中英文的语法结构在某些地方的相似和不同之处比较多，教师应时常对中英文的语法表达进行对比,以进一步加深学生的理解,即促进汉语语法正迁移,减少负迁移。教师讲解语法不一定非得把一个问题的所有方面都讲全讲细,相反要尽可能用简洁清楚的语言,使学生容易理解、消化、记忆和运用。

2. 语法与词汇糅合

把语法与词汇糅合在一起,学习语法以动词为纲。不要把语法作为一种孤立的知识来学习,孤立学习语法不可能真正掌握语法。干巴巴地讲语法不会激起学生的学习兴趣,语法要在活生生的语言中才能体现时代气息,语法和词汇是血肉关系。

3. 创造情境教学,提高语篇情景意识

教师在英语语法教学中应坚持"优化而不是淡化语法教学"的原则。目前较为广泛应用的两类语法课堂教学模式是演绎语法教学模式和归纳语法教学模式。除此之外,还应创设趣味性强、贴近学生生活、适合目标语的语境,让学生在语境中探索语法规律,运用语法规则,内化语法知识,真正提高语言运用能力。情境教学法还意味着教师应为学生学习语法创造语篇情景。教师应当在语篇层面进行语法教学,帮助学生树立单句是语篇有机组成部分的观念,培养学生把单句放入语篇中来选用适合语境的语法知识的意识,并引导学生关注语境如何决定语言形式的选择。

(四)对今后英语语法教学的思考

通过上面的分析可以发现,研究中出现的语法错误大多是因汉语负迁移导致,这种错误如果不经过教师的指引和一些教学策略的帮助,学生很难意识到并改正这些错误。

因此,在英语的教学过程中,教师应该首先让学生认识到存在于英语语法和汉语语法之间的不同点,意识到汉语对英语学习所存在的干扰,并努力找出解决办法来消除和避免因汉语负迁移所导致的英语语法错误。

第四节　英语教学中思维模式的培养

一、英语教学中的模仿训练

在近几年的英语教学中，很多教师开始注重语音模仿训练，让每个学生明白语音在英语学习中的重要地位。

模仿不是机械地重复，而是要求学生注意语音、语调、语气、句子的停顿和节奏的训练，培养学生讲清晰、流利的英语口语的能力。学生在紧张欢乐的氛围中既获得知识，又不易产生心理疲劳，有效地避免了学生在课堂上注意力不集中的现象。

语音模仿训练在听力教学中也能适当渗透。在听力教学中，学生通过听音模仿朗读、听音后复述、边听边写等方法，反复训练，及时纠正发音，不仅对学生起到督促鼓励的作用，还可以有效解决学生朗读、理解课文、语法等方面存在的问题。更重要的是，教师还掌握了学生英语水平的第一手资料，并以此为依据，有针对性地制订各阶段的教学计划和教学安排，有利于提高课堂效率和教学质量。

二、英语教学中的创造训练

只有简单的听和说远远达不到学习英语的目的。大量的模仿训练可帮助学生掌握熟练的发音及口语的基本技巧，巩固英语基本知识。但是，如果只强调模仿性地说，而忽视创造性地说，很难培养出真正的说的能力。

句子是语言交流的基本单位。人们都是以一个个意思完整、符合语法规则的句子来表达思想、交流沟通的。在教学实践中，有些学生虽然记忆了几千个单词，储存了很多个句型，但很多时候却无法将它们重组成恰当的语句，学生缺乏从书面语言向口头语言转换的能力。

要让学生流利地使用英语交谈，首先必须培养英语口头造句能力。课堂上，教师每教一个新单词，都让学生用这个新单词自由造句，这不仅能帮助学生更好地理解单词的意思，知道这个单词的用法，还能够帮助学生复习学过的句型，同时也锻炼了学生的创造性思维。在造句的过程中，学生自然而然地就掌握了新单词。中学生的思维具有直观性、形象性，同时也具有内在的创造性。所以，应尽可能地培养学生思维的灵活性和变通性，发展学生思维的独特性和新颖性，给学生提供发挥创造性思维的机会。这样，学生不仅巩固了句型，还能用学过的单词记忆新的单词。要引导和培养学生的创新能力，教师在教学中也应重视创造。只有具有创新能力的教师，才能更好地培养学生的创新能力。

三、创设良好的英语学习环境

在英语教学中，模仿和创造仅靠课堂教学是远远不够的。因此，教师要想方设法创造英语学习氛围，帮助学生进行深入的练习。可以每月组织学生开展一次英语文化周活动，如其中一个很有意思的活动就是英语电影配音和情境模拟表演。电影是一个很好的媒介，不仅为学生提供了丰富生动的画面，更重要的是地道的英语对话增强了学生对英语语言文化的感性认识，加深了对西方文化的了解。首先，节选一些比较有趣的精彩电影片段，让学生仔细观看，熟悉材料之后根据画面模仿练习其中的精彩对白。在挑选影片时必须考虑学生的认知水平，对白最好简单易懂，词汇不宜过难，俚语不宜过多，影片基调也应是积极向上的，这样学生模仿起来才不会产生畏难情绪。有趣好玩的动画片就是很好的选择，如《功夫熊猫》《狮子王》《冰河世纪》等。还可以利用电影进行创造性训练，如教师可以将学生分为几组，然后小组成员讨论并组织语言将此片段内容进行简单介绍或复述，这一过程能够很好地培养学生的创造性，让学生在娱乐中获取知识，帮助他们增加对英语国家的了解，增强对文化差异的敏感性，培养学生跨文化交际意识。

总之，只要英语教师重视模仿、创造训练，以课堂为主阵地，积极开发学生的创造能力，科学引导，不断创新、完善教学策略，并且持之以恒，学生一定会在英语口语方面取得显著的进步。

第四章　高校英语教学方法

第一节　情境教学法

一、关于现代大学英语教学中情境教学的分析

(一)情境教学的基本理念

1. 情境教学的活动具有自主性

针对这个方面,在实际教学过程中,最强烈的感悟是必须发挥与解决好自主性问题:其一,稳固的师生交流;其二,在具体施教过程中必须以学生为关键。古语有云"尊其师,奉其教"。自由、尊重、信任的师生关系是顺利实施教育工作活动、增强教育成效的基础所在,对师生彼此综合素质也有着非常关键的价值。进行情境教学能够供应给学生一个独立发展的自由空间。因为学生的关键性产生的自主性,促进教师培养学生自主学习、敢于突破自己、完善自己,感受到"学习主导者"这种内在底蕴,并积极去奋斗实现。

2. 情境教学的活动具有创造性

创造性学习方式的灵感通常出现在学习动机的努力实践中。我们宣扬情境教学的作用,体现在打造出一个自由化的师生信任、尊重、自由交流的环境,来帮助师生之间的沟通学习,在教学过程中树立其创造性。特别是教学中碰到不确定的问题时,教师不要轻易下结论,而应鼓励同学之间在合作中竞争,在竞争中合作,互相启发,取长补短,这样既让学生充分体会到探索求知的乐趣,又树立了学生努力养成新的优秀学习习惯。

3. 情境教学的活动具有体验性

由于人的认知行为都存在一定的体验性，所以在实际教学过程中，作为施教引导者的老师必须在自由活泼的氛围或情境里，带动学生形成不同的求知观念，发散自己的思路与创造力，获取知识，努力实践。让整个学习求知的经过变成一个关键的步骤，和结果同样关键，目的就是让学生把思考和发现体验当作一种快乐，在过程中体验思考的乐趣，在结果中体验成功的滋味。

（二）通过情境教学，引导学生参与教学

大学英语课是一种语言教学，而语言教学的最终目的是培养学生以书面或口头的形式进行交际的能力。课堂互动本身作为一种语言交际活动，是学生语言实践的极好机会。如果学生能参与课堂互动活动，就能直接获得学习和掌握语言的机会，同时还能参与管理自己的学习，这会使其学习态度变得更积极、负责。

好教师就好比游泳教练一样，他不是一个游泳者，而应该是一个引导者、指挥者。作为引导者、指挥者，教师要设计各种互动活动，活跃气氛，缩小师生间距离，努力创设民主和谐的教学情境，鼓励学生思维活跃、热情饱满地参与课堂教学。在教学实践中，教师应尽可能地为学生创造交际情境，引导学生进行各种精心设计的语言交际活动。大学新生进校的第一节课就可以成为培养学生"参与交流实践"这一良好习惯的开端。例如，教师在自我介绍时，就可以利用这个机会启发学生动脑动口。

教师只在黑板上写下自己的名字，鼓励和要求每个学生对教师提出一个问题。提问结束后，再请学生概括成"The Introduction of Our English Teacher."。新学期伊始就营造出这种良好、轻松的语言环境，对提高学生的主体意识，建立师生平等合作的关系，消除心理顾虑，激活学生学习兴趣起着不可或缺的作用。

（三）运用问题创设情境，激发学生思维的火花

学问，学问，无论是"教"还是"学"，关键都在"问"上。巴尔扎克说过："打开一切科学的钥匙毫无疑问的是问号。"自然，教学离不开提问，提问是课堂教学

中师生互动的最常用、最主要的方式之一。课堂提问不仅对所学知识进行巩固，而且对新授知识的理解、掌握及运用起着极大作用，同时也能以点带面，事半功倍，对开发学生智力，培养思维能力，沟通师生间情感，增强课堂教学效果及提高教学总体质量将起到特别积极的作用。

教学实践表明：教师提问效果的好坏，往往成为一堂课成败的关键。因此，教师要在深入研究教材内容、学生心理特点和能力水平的基础上创设问题情境，以便充分调动学生学习的积极性，引发学生积极的思维活动。在英语课堂上，教师设计的问题旨在刺激学生对学习内容产生浓厚兴趣，所以，教师所选的问题要具有典范性，设计要有巧妙性，力争具有趣味性。

建议教师在课堂上多提"开放性"问题，即重思考、重理解，要求学生做出评价、判断、解释或论述，接受多种答案的问题；而少提"封闭性"问题，即重记忆、不重思考，只提供知识型信息，只有一个正确答案的问题；还应尽量提一些难度不大，与学生生活贴近，渗透文化背景知识、人文教育的问题；提问时带有启发性，不急于说出答案，要留给全体同学积极思考和准备回答的机会，要善于运用问题引导学生参与各个教学环节，让他们自己去发现、核查答案。

总之，在课堂教学中，有效开展情境教学，有利于激发学生参与的兴趣，引导学生更好地理解和掌握知识，启发学生的思维，培养学生的情感，发展学生的创造性思维和创新能力，从而吸引学生主动学习，取得最佳的教学效果。

二、情境教学中"支架"的提供

支架是最近一个比较流行的概念，很多教育研究者开始谈论这个词，可是其中并不是所有的人都对支架有了一个准确的领会和把握，不少人还停留在表面肤浅或片面的层面上，这会造成对支架认识的误解，使其内涵出现泛化或缩小。有的人看什么都像支架，又有的人看什么都不像支架，其实，这都是不对的。

"支架"是指在学习者需要的时候为其提供的恰当可能的支持。这些支持帮助他们快速有效地进入最近发展区，获得潜在的发展水平，随着他们能力的提高，逐渐撤除这些支持。支架在实际应用中其实是很灵活多变的，其形式不拘小节、五花八门。我们可以随着任务和目的的不同而采取不同形式的支架。应该这样说，只要适合学生需要，能帮助学生跨越最近发展区的就都是合适的、好的支架。目前支架的类型并没有统一的划分，对此不同的学者持有不同的意见。根据研究及应用实践经验，在将支架式教学应用于英语教学的过程中，把支架分为两大类：一类称为一般性支架，即适用于各个学科的支架；另一类称为特殊性支架，即相对更适用于英语学科的支架。

（一）一般性支架

1. 范例支架

范例支架是指教师针对教学过程中最重要或最典型的主体对学生进行范例演示，使学生能直观地达到学习目标，可以有效避免冗长或含糊的解释过程。

2. 问题支架

有经验的教师会在学生的学习过程中自然地根据不同情境和阶段提出不同水平阶段的问题，让学生可以根据问题来思考和研究，从而帮助学生攀着支架进入下一阶段。与此类似的还有建议支架，只不过将疑问句调整为陈述语句。

3. 解释支架

当教师提出一些问题或给出一些任务时，为学习者提供一些问题定义的解释。学习者在学习过程中出现一些理解上的困难或者错误时，教师也可以适时地给予一些问题的解释，帮助学习者理解，从而进入下一个阶段的学习。

4. 策略支架

教师通过呈现给学习者多种方案、事件和观点，给学生以自主参与计划的制订和决策的空间，让学生通过对不同方案、策略的比较分析，加深对任务的理解和认识，从而通过协作交流，独立自主地制订解决问题的方案，完成学习任务。

5. 背景支架

背景支架指的是与教学主题相关的背景知识、典故、环境等，学习者在接触一些自己完全陌生的任务或主题时，会茫然不知所措，教师若能适时地提供一些与学生原有的知识建构有一定联系的背景支架，使学生攀着这些支架所搭建的桥梁，可以帮助他们比较轻松地理解新的学习内容，从而达到有意义的建构。

6. 工具支架

对于一些比较难以理解和抽象的概念和知识，可以通过教师提供一些能够变抽象为直观的工具支架，用学生较为喜闻乐见、较为直观的方式帮助学生理解。在支架式教学的过程中，学生还有进行交流的需要，因此教师也需要提供一些可以帮助学生表达思想的交流工具。这种支架可以是多媒体课件、图形处理工具、Flash动画，还可以是知识库、挂图、会话、展示平台、共享平台、BBS（网络论坛）等很多软件及一些硬件工具。

7. 定位支架

学习者有时并不能很清楚自己的学习目标或任务目标，在学习过程中就会显得迷茫和无助，教师应该在一开始就向学习者清楚阐明学习者应当达到的目标及任务，这样学习者就可以很明确地了解自己的潜在发展区。同时教师可以帮助学生进行自我现有水平的定位，从而使他们了解自己与目标的距离。通过这样清晰定位支架，学习者不断进步，不断重新定位，最后达到目标。

8. 信息支架

现在是一个信息爆炸的时代，教师可以设置信息支架，提供一些可以获取信息资源的方式，如提供一些网站或参考书籍等，帮助学生可以在较短时间内完成收集信息的环节，并对信息的遴选方式进行一定的指导，帮助学生培养信息的分类和分析能力。

9. 评价支架

评价可能是出自教师对学生，也可能出自学生对学生甚至学生对本人的自我评价。能成为支架的评价都是形成性评价，可能表现为情感上的鼓励、赞许、认同或异议，这都有助于激发学生的学习积极性和学习兴趣或学习斗志，也可能表现为指出认知上的不足之处或错误之处，提出有益的建议，这又有助于学生及时纠正自己的偏差，减少失败的概率，提高学习效率。

（二）特殊性支架

1. 文化支架

学习语言就是学习文化，因此文化支架在语言学习的课程中尤为需要。只有让学习者对所学语言的文化有一个深入的理解和认识，对不同文化的差异和由此导致的语言差异有一定的分析和理解能力，这样的语言教学才是成功和长远的。适时的文化支架可以帮助学生更好地理解语言的含义，也可以更好地在实践中使用该语言，避免由于文化的不同而出现语言的误用。文化支架可以培养学生的反省能力和思考能力，使学生具备更强的语言运用能力和文化包容度，提高学生的整体素质。

2. 情境支架

支架式教学本身就是一种情境性的教学，强调在情境中设立支架。英语课由于其对语言实践的要求，情境支架的使用更为重要，学生在一种相对逼真的情境下积极主动地参与语言学习活动，可以更好地理解和运用语言，使教学效果达到最大化。

3. 语法支架

在英语学习中，语法就相当于语言的一个框架，一个架子搭好了，往里面填东西就容易了。学生在英语学习中，在句子结构方面会比较欠缺，因此无法把自己的意思比较准确地表达出来。教师可以及时给予一些公式性的语法支架，把一些句型的搭建形式呈现给学生，使学生可以更快地完成句子的组合，同时避免由于两种语言的差异而可能导致的"Chinglish"的句子的出现。

4. 文体支架

不同的文体有不同的特点，学生在语言的学习中会发现对于有些文体的把握有困难，这时，教师可以对文体的特点和一些常见的用语进行总结和梳理，这一工作也可以由教师提出，请学生自己协作探究分析得出，通过对文体特点的总结和差异的分析，学生在文体支架的帮助下就可以更好地理解和运用不同的文体，在不同场合使用得体的语言。

三、基于建构主义视角的多媒体在英语情境教学中的应用

迅速发展起来的现代教育技术，尤其是多媒体技术为英语教学提供了新的学习平台，多媒体辅助英语教学必将成为英语教学发展的必然趋势。多媒体技术的运用将图文、声音甚至活动影像汇集起来，使学生的阅读对象除了能以文字和图片展示之外，还可以用动画、视频资料等把一些抽象而复杂的问题直观地反映出来，如同身临其境，其形象的表达工具有效激发了学生的学习兴趣，充分调动学生的主体性，提高了学习效率。由此，多媒体辅助英语情境教学越来越多地引起了人们的关注。

（一）基于多媒体技术的英语情境教学的内涵

英语单词 multimedia（多媒体），源于 multiple（复合、多样）和 media（媒体）的组合，即其本身的含义是将多种媒体进行有机组合形成的一种新的媒体应用系统。通常我们所说的多媒体教学是把微机与其他教学媒体相互连接，在使用过程中同时运用幻灯、投影、录像等方式，使多种媒体有机地贯穿于教学的全过程。并且随着此技术的发展，人们利用计算机交互式地综合处理文本、图画、图像、声音、形象等多种信息，建立彼此连接的系统，使之具有综合性，形成兼容性的操作环境和一种身临其境的情境。

多媒体教学正好满足了情境教学的各项条件，它改变了传统电化教育的单向传递的情况，采用图形操作界面，具有人机交互性。多媒体计算机辅助英语教学，也就是在英语教学中把影像、图形、音画及文字等多种媒体信息动态地引入教学过程，按照教学要求进行有机的组合，形成合理的教学结构并呈现在屏幕上，然后完成一系列人机交互操作，使学生在最佳的学习环境中进行学习。这样的学习环境有利于因材施教，有利于学生能力的培养和智力开发，培养学生的创新精神。

多媒体教学技术可以模拟大量现实、生动的场景，理论联系实际，使学生在虚拟的学习场景中获得与现实世界较为接近的学习体验。多媒体辅助英语教学可以使教学活动集文字、声音、图像、动画等功能于一体，有利于营造良好的语言学习情境，能最大限度地调动和激发学生的学习积极性和主动性，提高教学效率。

（二）多媒体技术下英语情境教学的理论基础——建构主义理论

建构主义源于瑞士儿童心理学家 让·皮亚杰（Jean Piaget）关于认知规律的研究，他得出的结论是，在认知过程与周围环境相互作用的过程中，逐步建构起关于外部世界的知识，进而发展了自身的认知结构。随着教育学、心理学理论的深入研究，以及教育实践的不断深化，建构主义理论在多媒体情境教学中得到了广泛的应用。

传统学习理论强调知识传授，把学生当作知识灌输对象，而建构主义理论不同于传统教学模式，要求建立符合信息社会要求的新的教学思想和教学模式。建构主义理论强调教师与学习者之间的协作与会话，只有教师对教学过程、教学内容实施良好的组织，以及对学习活动进行精心的指导，学习者的学习，才能不再盲目。

建构主义学习理论强调以学生为中心，而不是以教师为中心，即知识不是通过教师传授得到，而是学习者在特定的情境即社会文化背景下，在教师的帮助下，利用必要的学习资料，通过建构意义的方式而获得的。

建构主义理论指导下的教学更注重学习者的自主能力和主动获取知识的能力的培养和发挥。教师不再是知识的直接传授者、指示者、专家和权威，而是学习者有效学习过程中不可缺少的引导者、帮助者、协作者等。也就是说，学习者的自主学习是以教师自始至终的细心组织、引导和指导为前提的。学习者是自己知识的建构者，他们的知识建构活动直接决定着教学效果，因此他们是学习的主人，教师的核心作用不在于给学生传递知识，而在于如何引发和促进学生的知识建构活动。

（三）基于建构理论有效实施多媒体英语情境教学的建议

基于上述理论，笔者现提出 3 点建议如下，希望有效结合运用于英语教学中，以期产生良好的教学及学习效果。

1. 提高教师多媒体技术应用的能力

如果教师不了解如何更加有效地运用技术，所有与教育有关的技术都将没有任何实际意义。因此，作为英语教师，不仅要努力提高传授英语知识的技能，还应主动学习多媒体辅助教学的相关理论和方法，尽快熟练地掌握有关教学设备的使用方法，熟练而灵活地利用多媒体课件巧妙地展示活动任务。

课件是否能结合学生实际，满足外语教学需要，是否能发挥硬件功能，是多媒体辅助外语教学取得良好教学效果的关键因素之一。因此，教师需通过培训等方式提高其应用多媒体技术的能力。在学习多媒体课件制作理论、熟练掌握一种多媒体课件制作工具和有关素材制作工具的基础上，鼓励教师间的技术交流，建立和丰富多媒体课件资源库，减少制作成本，提高使用效率。

2. 构建以学生为主角的课堂学习及反馈模式

结合上述建构理论，课堂的主角是学生，要以学生为主体。在教育过程中，以学生为中心，充分发挥学生的主体性，将自己的认知结构不断从一种平衡发展为新的、更高层次的平衡状态。在教学过程中，学生如果能积极参与课堂，将使学习的效果事半功倍。

多媒体具有直观的、图文并茂的感官刺激，学生在这种愉快而轻松的学习氛围中更容易积极参与教学活动之中，激起内在学习的欲望，有效地吸引学生的注意力，令他们更愿意自然地去学习。反馈是学生接受教学信息、学习教学内容后的各种反应。教师不仅要注意授课过程中学生主动接受的情况，还要注重学生的信息反馈，并要根据反馈的信息来调整教学方法等。根据学生的学习反馈，得到课堂学习后的第一手直接资料，并因材施教，再应用到教学中，形成课前、课中及课后系统化的教学模式。

3. 建构情境创设，提高学习效率

情境创设是和协作、会话、意义建构一起成为学习环境的四大要素，在新的教学模式指导下的设计，其目的在于激发学生的学习兴趣，提高他们的认知、感受、想象、创造的能力。

在英语教学中，多媒体课件的情境创设要善于创新，富有变化，既要让情境与学生的生活经验有一定的联系，又要有新的信息的刺激，在学生想不到的地方出现新的情境，对情境的内容、媒体的运用、组合的方式都应该富有新意，让学生感到进入一种情境就获得一种新的体验，得到一种新的发现，并在愉快的氛围中提高学习效率。

四、情境教学中的评价

教学评价是大学英语教学的一个重要组成部分。全面、客观、科学、准确的评价体系对于实现课程目标是十分重要的，它不仅可以为教师提供有益的反馈信息，帮助教师了解教学效果，改进教学方法，提高教学质量．还可以帮助学生了解自身的学习状况，调整学习策略，提高学习效率。教学评价不仅包括以标准化考试为代表的终结性评价，也包括以学习为目的、注重学习过程的形成性评价。目前大学英语教学中普遍使用的评价方式有水平测试。成就测试如期中考试、期末考试。这些测试本质上属于终结性评价。终结性评价是检验教学成果的一个重要手段，但是却不能对教学过程做出评价。

鉴于上述现行教学评价体系中存在的问题，在大学英语教学中采用形成性评价是十分必要的。

（一）形成性评价的优越性

形成性评价贯穿在学生学习的整个过程，是对学生日常学习过程的表现所取得的成绩，以及所反映出的情感、态度、策略等方面的发展做出评价。与终结性评价相比具有明显的优势。

1. 评价主体更加多元化

形成性评价则强调学生的主动参与，使学生由被动评价的客体变为积极评价的主体，加强评价者与被评价者之间的互动，鼓励学生自我评价与同学间的互相评价，这可以促使他们对自己的学习过程、方法进行回顾、反思，从而培养学生学习的主动性与积极性。

2. 评价内容更加全面

形成性评价的内容是全方位的，评价的是学生学习的全过程。不仅注重评价学生对知识的掌握情况，而且也重视对学生的学习态度、学习策略及情感因素等方面的评价。

3. 评价方式更加多样化

形成性评价的方式更加多样化，它可以通过教师对学生的课堂表现进行观察做出评价，也可以通过课堂讨论、学生日记、作业与小测验、调查问卷及访谈等对学生进行评价。

4. 评价结果具有反馈作用

由于形成性评价是在学生的学习过程中进行的，因而能够及时地反映学生的学习情况，给学生提供反馈。更重要的是，它可以帮助学生建立自信心，激发和培养学生的学习兴趣，帮助学生养成良好的学习习惯。同时教师也能得到及时的反馈。能够及时了解学生的学习情况和需要，以便调整教学内容和方法，从而提高教学效果。

（二）采用形成性评价的必要性

形成性评价注重对"教"和"学"过程进行多层次、多元化的分析判断。能够为教学双方提供及时、真实的诊断性信息，有利于"教"和"学"过程的完善和发展。高等院校的大学英语教学不仅要求培养学生的英语综合应用能力，更加注重学生的自主学习能力，而这种能力的培养难以通过单一的终结性评价实现，这就需要在教学中发挥形成性评价的作用，为学生提供多种自我表现的形式和机会，使学生的知识和技能得以更加全面地施展。

形成性评价作为一种随时向"教"与"学"提供反馈的评价方式，它的优越性已受到越来越多的人的关注。它是一种以学生为中心的评价，可以最大限度地促进学生的自主学习。同时使教师的教育理念不断更新。新一轮的大学英语教学改革正在进行中，评价体系作为大学英语教学的一个重要环节。传统的终结性评价已不能完全适应改革的需要，而形成性评价恰恰可以适应促进学习者学习策略，提高学习兴趣，增强学习动机，激发积极的情感态度等作用。

第二节　交际教学法

一、大学英语情景交际教学法的兴起与发展

（一）情景交际教学法的含义

情景交际教学法近些年被广泛关注，很多教育专家都把情景交际教学法作为第二外语教学的有效方法。语言学家克鲁姆（Krum）说，成功的外语课堂教学是创造更多的情境，让学生有机会运用自己学到的语言材料。

情景交际教学法就是通过设计出一些真实性和准真实性的具体场合的情形和景象，为语言功能提供充足的实力，并活化所教语言知识。教师根据教材内容需要，在具体情境中呈现语言，为语言提供运用的场所，使每句话都有对应的场景，在情境中让学生通过视听来感受所学知识，培养英语思维能力，通过实践提高听说能力，培养真正用英语交际的本领。

（二）情景交际教学法在教学中的实践方式

情景境交际教学法要求教师根据教学内容，创设多形式、多元化的情境，创造、模拟母语的学习环境，营造氛围和意境，引导学生积极参与练习，在情境中了解词汇的意义和用法，在训练过程中多问、多说、多练、多交流，通过完成任务产

生语言习得。教师多用启发式教学，是情境的设计者、导演者、指挥者，学生是活动的主体，是实践者和表演者，教师应从交际的实际需求出发，创设类似实际的情境，让学生置身于英语的环境中，激发学生的主动性和创造性，积极运用所学语言表达自己。

1. 利用课堂材料创设情境

在大学英语教学中，精读课占据很重要的地位。上精读课时，教师通常会讲解词汇的用法，语法要点，长句、难句，分析课文的内容和段落层次，文章体裁等，但对于在何种场合，何种情景下运用这些语言，学生往往不是很明确。这就需要教师认真分析教材，力争做到精讲多练，通过设计语言情境来呈现教材的重难点，让学生有尽可能多的课堂时间进行语言能力的训练，通过模拟情境中的大量练习来掌握语言。充分利用 group work 和 pair work 等，给学生提供运用所学语言的机会。还可以让学生就课文某一话题分组讨论，就文章的观点发表自己的看法等。

2. 通过角色扮演创设情境

教材中很多实际应用的文章都可以通过角色扮演来给学生创设情境，加深学生对语言的操控能力。比如学习关于求职的文章，可以让学生分别扮演求职者和面试者，根据课文内容和自己实际情况设计对话，分组进行角色扮演。还有关于旅游、采访等的很多内容都可以通过角色扮演来给学生实践的机会，这样的操练要让学生有真实感，语言内容不仅仅是课本知识的再现，而且要加上自己的观点和看法，要像在真实的现场一样去自如地运用英语来表达自己。在角色扮演时要重视东西方文化交际方面的差异，适时地向学生介绍国外尤其是英美的文化风俗、风土人情等背景知识，使学生真正掌握和英语国家人士交流的本领。

3. 通过游戏设计创设情境

为了提高课堂教学效率，吸引学生主动参与和积极互动，教师可以请学生帮忙设计很多游戏来运用所学词汇和句型。比如猜词、填词、英语诗歌比赛、演讲比赛、连词成故事等。教师可以让学生用当天所学几个重要单词编小故事，进行故事比赛，让学生在一个个精彩的故事中掌握了知识。通过游戏能提高学生学习的兴奋性和参与意识，在快乐的气氛中巩固所学的知识。

4. 通过多媒体等现代化教学手段辅助创设情境

录像、投影、幻灯片等现代化的教学手段能形象地再现情境，使学生真正有身临其境的感觉，加深学生对语言的理解和运用。因此教学中要善于利用多媒体等现代化教学手段，多让学生接触原声英文电影、原版的优秀书籍和标准的英美广播，让学生能感受到在真实情景中语言的运用，从而活用所学语言，以提高英语的综合运用和交际能力。

外语教学的过程就是语言交际能力习得的过程。语言学家海姆斯（Hymes），说，语言教学的最终目的是培养交际的能力。要让学生听、说、读、写全面掌握英语，教师应注重情景交际教学法在教学中的合理运用，使情景设置与交际活动统一融合，为学生的语言应用创造条件，让学生真正地做到学以致用，达到用英语交际的目的。

二、交际教学法在大学教学中的应用

目前，纵观我国大学英语教学现状可以发现，我国的大学英语教学大多是采用"语法—翻译"教学法，教师主导课堂，学生处于被动地位，主要以传授知识为主，注重词汇和语法条目的讲授，课堂教学中交际活动很少，加上英语等级考试的影响，英语教学也侧重等级考试辅导，学生运用英语进行交际的能力较弱。为了提高学生的英语交际能力，交际教学法越来越受到大学英语教师的关注和青睐。近年来的教学改革中基本上采用交际教学法，强调教学以学生为中心，加强对学生的主体意识和积极性的培养，教师在课上引导学生进行语言交际实践，使学生在实践中学习语言、获取知识，并具备一定的交际能力。

（一）交际教学法的概念

交际教学法也叫作"意念法"或"功能法"。其核心思想是：语言教学的目的是培养学生使用目的语进行交际的能力，语言教学的内容不仅要包括语言结构，而且要包括表达各种意念和功能的常用语句。交际教学法认为，人对语言有两种能力：

一种是语言能力，也就是人具有说出语音语调和遣词造句的话语功能；

一种是交际能力，即根据交际的目的、对象、内容、语境、身份等讲出恰当的符合语境的话语的能力。具备了语言能力，不一定具备交际能力，语言能力是交际能力的一个重要组成部分。

（二）交际教学法的优点

交际教学法相对于传统的"语法—翻译"教学法有着比较显著的优势。传统的教学法重视英语语法条目和词汇的讲解，教师整堂课讲解语法、篇章结构，学生被动地听，不利于学生英语学习兴趣的培养，学生学了十几年英语，最后还是"张不开嘴"，这就违背了英语教学的目的。

而交际教学法以培养学生运用语言进行交际为目的，奉行英语是一种交际工具。它以学生为中心，以学生的语言实践为主线，引导学生积极参与到教师创设的语境中来，在交际中提高学生的英语应用能力。

首先，有利于激发学生的学习兴趣、主动性和互动性。由于交际教学法是让学生在与人交际的过程中学习英语，这样更能激发学生积极的学习兴趣和主动参与的意识，从而主动地、积极地学习并体会到成功的乐趣。

其次，注重学以致用，培养语言的运用能力。语言学习的过程，不仅是知识的积累，更是素质和技能的提高。语言教学的目的是培养和发展运用语言与他人交际的能力。交际教学法强调以语言交际为教学原则，倡导让学生在与人交际的过程中学习英语，这有助于真正培养其语言的运用能力。

最后，转变传统语言教学中的学生角色和单一教学行为与方式。由于交际法强调语言教学要为学生的交际需要服务，所以学生由原来的"配角"变为"主角"，处于更为积极、主动的地位。同时，交际法以语言功能、意念交际活动为内容，教学过程变为双方或多方交际过程,而交际活动不仅重视语言,更重视非语言表达手段的应用,如动作、体态和表情等。所以,交际教学法又适应了现代语言教学中多种化的教学手段的实施和运用。由此,交际教学法一经诞生,就展示出其他教学法无可比拟的优点。

(三)交际教学法的优化

1. 教师要积极转变角色,变主体为主导

外语教师的角色应该是:控制者、评估者、组织者、提示者、参与者和资源。我国大多数英语教师在课堂上是从头讲到尾,学生很少有表达的机会。在实施交际教学法时,教师一定要积极转变自己在课堂上的角色,由主体变主导。由课堂上从头至尾的讲授转变为组织学生进行各种交际活动,控制课堂教学进度,对内向胆怯的学生予以积极鼓励、提示,使其积极加入课堂活动中,同时巧妙地避免少数学生主宰课堂交际活动的现象并保证不挫伤这部分学生的积极性。

2. 教师注重语言结构性知识与功能性知识并重

交际教学法在弥补结构教学法对语言运用的忽视的同时又淡化英语语言的结构性知识,即过于注重意义而忽视了语言的形式和结构。而实际上语言形式和语言意义是同等重要的,彼此不可偏废,因为语言意义是教学的最终目的,语言形式是达到这一目的的必要手段。偏颇了哪一方最终都不能实现对英语语言的学习和使用。因此,需要同步重视语言习得的结构性知识和功能性知识。

3. 教师要精心设计交际活动

交际教学法的核心是交际活动,通过双方、多方交流来学习语言。因此,教师应结合学生实际,如英语基础、个性特点、教学条件等,精心设计切实可行的课内外交际活动。①课堂场景设计。教师要提供给学生真实、丰富、多样化的情境,如实际生活情境、想象情境等,使学生在语言情境中感受英语,而不是仅仅进行简单的句型操练。②交际范围的多样化,如单人、双人、小组等不同范围内实施英语交际和交际所用语料的多样化,如笑话、趣闻轶事、歌曲和影视等,使学生获得更多的锻炼机会。③充分利用第二课堂的作用。良好的外语课外学习环境、课外活动环境和其他学科的外语应用环境是课内交际语言教学的有益补充。

4. 教师要重视文化教学，培养跨文化交际能力

任何语言都不能脱离一定的社会文化而独立存在。在社会生活中，如果单凭具备语言能力，而不了解文化差异，不具备语用能力，依然是不能顺利、完全地进行交际活动。因此，教师必须重视语言教学中的文化教学，理解跨文化交际能力的价值，在语言教学的同时进行文化教学，在交际型教学法的实践中适时进行不同文化的分析比较，避免以本国文化的思维定式去套用目标语。唯有如此，外语学习者才能培养和发展符合英美国家社会文化、规范和习俗的交际能力。

5. 学生要积极转变课堂角色，由被动变主动

在传统教学模式中，教师是"教"的主体，学生是"学"的主体。学生要变被动接受知识为主动学习。在交际教学法中，学生的主体地位应该体现出来。具体表现为，在课堂上学生有更多表达、交流的机会。学生在课堂上任何关于学习的需求都应尽可能得到满足。另外，学生还应成为"信息反馈者"。比如，学生应就课堂教学环节的设计是否合理、活动的组织是否可行等向教师进行反馈，以便教师化教学活动，提高学生参与活动的积极性，提高交际教学法的效用。

培养学生运用语言进行交际的能力是我们的教学目标。交际教学法这一教学理论，有着其自身的利与弊。在大学英语教学的过程中，扬长避短，通过多种优化手段充分发挥其优势。交际教学法使学生获得更多表达、交流的机会，使学生在教师精心创设的场景中主动学习，逐渐提高运用英语进行交际的能力。

三、在自然班级中应用交际教学法的对比实验

（一）交际教学法的教学特点

1. 教学目标

功能和意念相结合，培养交际功能。学习语言的目标是从学生的日常生活和未来工作的实际需要出发，培养创造性地、正确地、得体地运用语言的交际能力。

2. 教学过程

教学过程交际化。在课堂教学过程中利用"Discussing""Role play"等形式实现教学过程交际化,在课外活动中充分发挥"English Corner"的作用,教师和学生尽量在真实的交际环境中进行沟通、互动,达到交际的目的。

3. 教学主体

以学生为主体。交际教学法强调教学要为学生的交际需要服务。传统式的以教师为中心的"填鸭式"教学方法早已不适应学生的交际需求,课堂教学应鼓励学生积极参加各种交际活动,激发学生交际热情,促进学生掌握语言知识和培养学生的语言运用能力。

4. 教学手段

教学手段多样化。交际教学法主张采用多种教学手段,教师在教学过程中应正确利用"教学包",即教师用书、辅导读物、磁带、挂图、录像、电影、电视等,增加教学过程的多样化,增强课堂教学交际的真实性。

5. 教学环境

教学环境情景化。课堂教学情景尽量真实化,让学生在逼真的情景下模拟交际。用英语进行实际交流,是交际教学的精髓和目标。

6. 教学态度

教学态度以"宽容"为主。学生在学习过程中难免出现语言应用错误,因此,在不影响交际的前提下教师对学生应采取适度的"宽容"态度,尽量鼓励学生发挥语言交际活动的主动性和积极性,并且学会在"犯错"中吸取教训,获取经验,迅速成长。

(二)交际教学法与语法翻译的关系

随着科学技术的发展和市场经济的影响,国际交流和贸易活动不断增多,尤其是近年来中国入关、入世的前景为大多数人所看好,社会对具有一定英语水平的人才的需求不断加大。语言学习者不再单单满足于发展语法能力和阅读能力,而是迫切需要提高听、说、读、写的语言综合应用能力。

1. 语法翻译法及其优劣势

语法翻译法之所以能有辉煌的历史，原因在于它有着自己的可取之处。第一，语法翻译法以语法为中心，可以帮助学生打下较为牢固的语法知识基础，使学生的表达较为准确。第二，语法翻译法在教学过程中充分利用母语优势，能帮助教师节省时间。在教学中有很多复杂的结构和抽象的概念，用母语解释起来较容易且较直观，学生也易于接受。第三，语法翻译法重视阅读和写作，因此有助于书面技能的提高。第四，由于母语的介入，语法翻译对教师和学生的压力相对小一些。随着社会的进步和理论的发展完善，传统的语法翻译法有时不能适应需要，曾经受到猛烈的批判，因为它自身存在着一些不足。

第一，它过于强调语法规则和语法结构，而忽视语言技能的培养。在语法翻译法中，阅读课成了语法分析课，语法课更是只啃语法的条条框框，学生只是机械地通过强化训练记忆语法规则和词汇，但无法在交际场合将其正确、流利地运用。

第二，它只注重书面形式，忽视了语言使用能力。往往学生学到的是"哑巴英语"，只会读、写，不会听、说、运用，其结果只能是语法讲得头头是道，英语讲得结结巴巴。

第三，语法翻译法的教学过程较为单调、枯燥，教学步骤常常是固定不变的。

第四，教师自始至终控制着课堂，一个人在滔滔不绝地讲，而学生的地位过于被动，很少有机会表达自己的想法。

2. 交际教学法及其优劣势

当社会的发展和科学的进步使民族间、国际交流大大超出书面阅读的时候，人们发现一些传统的诸如语法翻译法之类的外语教学法已不能适应时代的需要，因此语言学家便开始寻找新的教学方法。

交际教学法是作为语法翻译法的对应物而提出来的，它是一种以语言功能项目为纲,发展交际能力为目标的教学方法体系。它重视培养使用外语进行交际的能力。交际能力不仅指运用语法规则生成语法正确的句子的能力,而且包括能在特定的交际场合正确且恰当地使用语言的能力。

交际法有很多优点,因而成为风靡一时的教学法,并在许多教学实践中取得了成功。

第一,交际教学法重视发展学生的交际能力,注重学生的语言知识在具体交际场合的灵活运用,改变了"学无以致用"的情况。

第二,交际教学法的教学形式给学生提供了运用语言的真实情景,发展和提高了学生听、说、读、写的综合能力。

第三,交际教学法能创造融洽、自由的课堂气氛,使学生从古板、枯燥、压抑的课堂中解放出来,寓教于乐。

第四,交际教学法发展了学生的话语能力。与以教师为中心的传统教学法不同,交际教学法使学生更多地参与语言运用活动,学生接触到的和使用的不是孤立的词汇和句子,而是连贯的表达。

交际教学法的缺点:

第一,功能—意念项目多种多样,没有统一的标准和规定的项目;以功能为主编写教材,打乱语法本身的系统,增加了学习语法的困难;

第二,如何处理语言能力和交际能力的关系,如何处理语法体系和功能大纲的关系仍有待解决;

第三,课程设置、考核、教法方面还存在着许多问题;在起始阶段,交际法使习惯于其他方法的学生感到困惑;同一功能可用多种形式表达,如何选择和取舍,没有客观标准,需要在实践中去探索,不断加以发展和完善。

3. 翻译教学法和交际教学法应取长补短、优势互补

外语教学的最终目的是使学生掌握和使用这门语言,而这只有通过大量的实践活动才能达到。因此,教师必须要求学生尽可能多地接触这门语言,多听、多

读、多说、多写，技能培养不容忽视。所以，如果我们在课堂上单纯用翻译教学法，那么将导致学生开不了口，成了"哑巴英语"，无法进行交际。

而反之，如果我们在课堂上单纯地用交际教学法也会导致"非标准英语"，实际上也无法进行交际。显然，交际教学法和翻译教学法的存在都有各自的必要性和合理性。它们虽以不同的理论为基础，但在教学方法、教学目的、教学过程上并不对立，而是各有所长，可以互补和结合。

我们应该充分地利用交际教学法的优势，改善传统的翻译教学法，在传统的课堂上科学、合理、渐进地引进交际教学法，注重两者的取长补短，充分发挥两者的优势，实行两者的有机结合，从而提高英语教学质量。

实践证明，高质量的教学要有合适和有效的教学方法作为保证。因为在教学过程中所采用的教学法比其他因素更为重要，并决定着教学的效果。然而在外语教学过程中使用什么样的教学方法在很大程度上取决于具体情况。情况不同，教学方法也会随之改变，所谓"一劳永逸"的万能教学法是根本不存在的。教授第二语言过程中存在的许多问题不可能只依靠一种方法就都解决了，要想长久保持学生的注意力和学习兴趣，方法的多样化是其关键所在。因此，教师不能拘泥于某一教学法，必须了解各教学法的特点、技巧，根据特定的教学目的、教学任务、教学对象和教学阶段进行优化选择，综合运用各种教学法，将国外外语教学的先进理论与我国外语教学的实际情况相结合，努力建立起适合我国国情的外语教学法体系。

4. 大学英语读写课程实施交际教学法所遵循的教学原则

第一，课堂教学应体现以任务为中心而不是一味地以讲语法、做练习为中心。建立以任务为中心的交际教学模式，让学生学会如何利用语言作为媒介实现交际的目的，完成交际任务。让学生投入解决问题的任务中去，把任务作为有目的的活动。交际教学法其重心就是课堂活动以任务为中心，将交际教学贯穿于整个课堂，而不是侧重于结构、功能或概念的东西。

第二，在交际教学课堂中，教师需优化交际任务，创设语言情景，进行有目的、有意义的语言实践活动，激发学生的学习积极性，正确地运用语言表达思想。

第三，教学各个环节都应体现以学生为中心的原则，强调学生的主动性和相互作用，而不以教师为中心，最大限度地保证学生的练习时间和练习量。在课堂教学中，教师需充分理解教学中的交际法原则，扮演好促进者、组织者、参加者和学习者等多重角色，营造良好的师生关系等。而学习的任务要靠学习者自身去完成，这就要求学生主动地、活跃地参与各项语言实战活动，培养自身的交际能力、思维能力和分析能力。

第四，运用非正式的评估和测试，把学生平时的课堂表现、作业完成和任务完成情况、单元测试、期末考试成绩一起结合起来检验教学效果，获取反馈信息。

第三节　任务教学法

一、任务型教学在大学英语课堂中的设计与应用

大学英语的学习效果取决于多种因素，除了学生的自身努力外，教学模式是一个非常重要的先导条件。随着时代的发展，大学英语教学目标更注重培养学生英语综合能力，特别是英语听说能力，使学生在今后的工作和社会交往过程中能用英语有效地进行口头交流和书面的信息交流，同时增强其自主学习能力，提高其综合文化素养，以适应我国经济发展和国际交流的需要。因此，传统的 PPP 教学模式，即教师先呈现某个语言项目（presentation），然后让学生练习（practice），最后让学生用该语言项目进行表达（production），已不能够满足英语教学的需求，而任务型教学就可以在大学英语课堂上充分发挥它的优势，弥补传统教学的不足，并能起到很好的教学效果。所以任务型教学模式应该得到进一步的提倡和推广。

(一)任务型教学的内涵及其理论基础

现代教学理论认为教学中学生的主体地位,教师的主导地位,打破了英语教学中语法教学和实际运用相割裂,语言形式和语言意义相割裂的传统模式,从关注"教"转变为关注"学",从注重"语言本身"转变为注重"语言习得",从注重"语言研究"转变为注重"语言使用"。

在任务型教学中,"任务"通常泛指在课堂教学中为推进学习过程而要求学生做的任何具体的贴近学习者生活、学习经历和社会实际以形成语言意义为主旨的活动。在完成任务的过程中,学习者一直处于积极的、主动的学习状态中,参与者之间的交流过程是一种互动的过程。为完成任务,学习者以"意义"为中心,尽力调动各种语言的和非语言的资源进行意义共建,以达到解决某种交际问题的目的。这种以任务为中心的语言教学思路是交际教学思路的一种发展形态,它要求学生用目的语进行理解、操练、使用或交际,是认知结构的组织和重新组织,学生获得的知识不是教师灌输的,而是要学生自己去主动探索和发现的,即杰罗姆·布鲁纳(Jerome Bruner)的"认知—发现学习论"。这种认知—发现学习有一系列的优点:

一是有利于激发学生智慧潜力;

二是有利于激发学生的内在学习动机;

三是有助于学生掌握试探的方法;

四是有利于所学知识的记忆与保存。所以完成任务的过程也就是使学习者自然地、有意义地对语言加以运用,并营造一个有利于语言习得和内化的支持环境。

(二)任务型教学的设计原则

事实上,任务型课堂教学的任何一个环节、任何一项活动都应该围绕任务而设计、展开,课堂与真实世界应有某种意义上的联系。任务型教学就是直接通过课堂教学让学生用英语完成各种真实的生活、学习、工作等任务,把任务作为载体,学习者通过听、说、读、写等活动,用所学语言去做事,在做事的过程中发展运用自己的语言,也就是为用而学,在用中学,在学中用。

它强调的是学习过程,强调有目的的交际和意义表达,强调语言学习活动及其任务具有现实生活性,强调教学活动和任务应遵照循序渐进、由易到难的原则,强调语言学习是获得技能的过程。学习任务的设计要突出趣味性、可操作性、科学性、交际性和拓展性,任务类型要能体现多样性,任务目标要具体化、细致化,活动的设置要有延伸性。因此任务型教学模式应遵循以下五种原则:

一是提供有价值和真实的语言材料;

二是运用活的语言;

三是所选任务应能激发学生运用语言;

四是适当注意某些语言形式;

五是有时应突出注意语言形式。

(三)任务型教学的具体应用和实施

任务型教学与传统的 PPP 教学模式不同,它把语言形式的聚焦安排在最后。笔者从学生"学"的角度,以《新视野大学英语读写教程》Unit Seven 为例来设计教学活动,从课文的预习、理解和拓展入手设计出课前任务、课中任务及课后任务 3 个阶段。

1. 课前任务

课前教师要明确目标、布置任务,如 Ask students to discuss the topic of "Gun problem" in groups; such as: What do you think of the Gun problem? Should we solve the problem by removing it or not? Can victims really protect themselves when having a gun? 来诱发学生交流的兴趣和欲望,激发学生的课堂主体意识,让学生利用课余时间通过图书馆、网络等途径查阅相关资料,为积极参与课堂讨论做准备。

课前的一些问答、讨论能激活学生对以往相关背景知识的回忆,促进其更好地理解课文。

2. 课中任务

在上课伊始，教师可以利用多媒体展示一些相关图片，通过视觉提供有益的背景知识输入。此时还可插入提高语言知觉的活动，让学生能联想起相应的词语或短语，如 violence, fear, hunger, poverty, sufferings, gun-related murders。现在各种多媒体中的英语节目给英语学习提供了很好的素材。教师还可利用一些真实的语言材料设计出实用性强、可操作的任务。这些内容完整、故事性强的任务有助于学生理解、记忆、复述。

在课堂上学生可通过小组互动完成一项学习任务。教师应先向学生讲述组织这次小组活动的目的，布置学习任务，让学生明白教师的意图，同时规定好活动的时间。学生可以把课前所准备的东西先在小组内互相交流，并推荐出一两名代表向全班同学和教师汇报。教师也应先对活动主题所需要使用的语言知识有所准备。在活动过程中教师应一组一组地监控，并提供适当的帮助，做好小组间适当的调节，鼓励学生用各种形式的语言交流，培养学生语言的流畅性。此时教师要注意不要为了纠正语言错误而打断其交流。

在学生已经预习并获得足够输入后，教师可根据课文的题材、体裁运用不同的交互模式进行讲解。在阅读过程中，教师应注重语篇结构的分析，强调上下文的重要作用，指出作者的最终目的。最后对课文进行必要的语言分析，有重点地讲解语言结构、翻译句子和段落写作。

3. 课后任务

此阶段的重点从语言意义指向语言形式，即做一些相应的练习，让学生结合特定的语境运用目的语进行交流，达到巩固的目的。活动可大可小，形式视课文内容而定，可复述、写摘要、搞辩论、角色扮演等，如在 "Face to Face with Guns" 一文讲解结束时可把学生分成小组，就论点 "Could we feel safer when having a gun？" 进行辩论，这样既巩固了所学语言知识点，也锻炼了学生的表达能力。

另外，教师适时的评价与鼓励能收到很好的效果，这能让学生意识到语言运用中存在的问题，同时又可借机培养学生积极的人生观。

（四）任务型教学中的注意事项

第一，任务必须有明确的目标，且贴近学生生活。这样学生才能有效地完成任务。

第二，注意师生角色转变。学生是学习的主体，教师是任务活动的指导者、策划者、组织者和评估者。任务型教学中教师不再扮演知识权威的角色，而与学习者形成伙伴关系。由于多年传统教学的影响，许多学生养成对教师的依赖心理，缺乏良好的学习习惯。因此教师应做好学生工作，帮助学生树立正确的学习观念和良好的学习习惯，逐步培养学生的自主学习能力。此外，评估的标准要被大家所熟知，教师的评估应做到公平公正。

任务型语言教学是目前国际外语教学界广泛采用的一种有效的教学模式，它强调的是学习的过程，强调真实的交际，强调语用能力和自主学习能力。任务型教学法在大学英语课堂上的运用有助于促进学生自主、合作学习。它能大幅度地增加学生运用语言的实践机会，能培养学生的良好性格和情感，能让英语课堂的气氛轻松活跃，从而大大提高学生对英语学习的兴趣和综合运用语言的能力，进而达到语言学习的目的。

二、基于"任务驱动"模式的大学英语教学任务设计

在基于"任务驱动"的教学模式中，学生以完成"任务"为目标，在教师的指导下通过合作学习处理完成任务，在这一过程中学习掌握教学计划内的教学内容。具体到大学英语课中，教师根据大学英语教材每个单元不同的内容，针对学生实际水平和学校教学条件，把学习重点设定成不同的任务，让学生在一个个具体的"任务"驱动下，通过团队协作，完成一系列"任务"的学习活动。由此可见，设计任务是"任务驱动"大学英语教学模式成功实施的关键。

（一）列举型任务

列举型任务要求学生根据要求说出与题目有关的事项并列成清单。列举型任

务有利于培养学生收集信息的能力和理解、归纳能力，也有利于教师增强对自己学生的了解。在学习新课时设计一个列举型任务，还可以帮助学生更好地复习以前所学的有关内容，扩大词汇量。

（二）排序和分类型任务

排序和分类型任务也称作整理型任务，它比列举型任务更有挑战性。不是简单列举，而是通过让学生对一系列输入材料进行分析归纳之后再将其分类或排列成一定的顺序。它有助于培养学生处理使用信息的能力、逻辑思维能力和分析能力。

（三）比较型任务

通过让学生对不同的输入材料进行对比和比较，找出其中的异同，并用适当的语言表述出来，这样，学生的观察力、注意力、归纳能力和批评性思维的能力都可以得到培养和发展。

（四）解决问题型任务

解决问题型任务集中于通过参与者的合作、沟通与磋商找到一个解决问题的方法，它的答案并不是唯一的，是一种开放型的任务，有助于学生解决问题的能力、综合运用知识的能力及创造能力的发展。

（五）分享个人经历型任务

分享个人经历型任务模仿我们日常生活中经常会遇到的互相交流信息、观点和意见的情况。我们可以让学生互相沟通分享各种信息，包括有关各自学习、爱好、生活经验等各方面的情况。

（六）创造性任务

创造性任务指任务具有探索性、开放性和实践性。结合大学生所学的专业，对同一个话题可以设置不同的创造性任务。

"任务驱动"的教学模式体现了英语教学从关注教材转变为关注学生，从以教师为中心转变为以学生为中心，从注重语言本身转变为注重语言习得与运用的变革趋势。实现"任务驱动"教学模式的难点在于任务设计。因此，大学英语教师要从英语的实际和功能出发，联系教学实际，为大学生提供更加贴近真实生活的教学任务，提高学生的英语实际应用能力，最终全面提高大学英语的教学质量。

三、基于项目的学习方法在大学英语课堂呈现环节的教学实践

目前，在大学英语教学中，广泛使用的教学方法是传统的课堂讲授模式，教师为课堂的主体占据主导位置，任课教师决定教学内容、教学方法、教学手段，教师引导学生去实现学习目标，甚至于任课教师直接将学习目标灌输给学生。传统的教学方法被生动地比喻为罐子和杯子的关系，教师是罐子将知识"倾倒"给学生，基于项目的学习的教学法可以改变这种情况，在此教学方法下，教师可以利用一个基于真实情境的项目话题，调动学生的主体能动性，提高学生的自主学习能力，最终达到学习目标。

一直以来，国内学者一直对不同的教学方法进行比较、探索和创新的尝试，希望能将教学重点从知识点的讲解转移到对学生的英语综合应用能力，特别是听说能力的提高方面，大学英语课堂应该将听说能力的提高贯穿在整个课堂教学环节中。创新人才的培养既是对高等教育的要求，也是对当代中国大学生的要求，大学生要拥有创新的想法，并且拥有将其实现的能力。《大学英语课程教学要求》中指出大学英语教学是高等教学的一个有机组成部分。该项目从大学英语教学入手，利用基于项目的学习方法，将其融入课堂教学的具体实践中，全面培养学生的创新意识。

在此背景下，基于项目的学习方法贴切地反映出《大学英语课程教学要求》的教学目标，从项目的准备、执行到总结各个步骤中，学生完全置身于英语听和英语说的氛围，组织语言，有效地完成听取其他同学同时说出自己的想法、建议和意见，完成信息输入、信息交换和信息反馈，最终实现英语综合的应用。在基于项目的学习框架下，学生根据自己感兴趣的话题和其他小组成员的商谈来决定项目主题的具体内容，学生自己决定呈现的具体形式，学生自己决定具体的实施

步骤，调动了每个学生的积极性，保证学生在每个环节的参与，并保持其最后成果的个性化和创新性。

（一）理论基础

基于项目的学习方法有着扎实的理论基础。建构主义的核心可以概括为：以学生为中心，强调学生对知识的主动探索、主动发现和对所学知识意义的主动建构（而不是传统教学那样，把知识从教师头脑中传送到学生的笔记本上）。

建构主义理论的主张是知识是学习者在学习经验的过程中获得，学习者需要主动、积极地接受知识。在基于项目的学习方法中，学生成为学习环境的中心位置，或者说是学生的小组处于学习的中心位置；学习者主动地、自发性地去对布置的项目内容进行探讨、研究、协作去解决问题，将所学和原有知识体系主动建构。

在此学习框架下，学生个体把外界刺激所提供的信息整合到自己原有认知结构内，将其他组员表述的信息与自身的知识结构整合、理解后，对自身观点的改善、修正、补充或放弃。

（二）教师在基于项目的学习框架下的实施口语呈现的具体教学特点

第一，教师是基于项目的学习的教学方法的设计者。在大学英语课堂口语呈现环节，基于项目的学习的教学方法虽然准备和实施的过程特别耗费时间，但是只要项目的内容设计适当，该教学法可以取得非常好的教学效果。

第二，教师是基于项目的学习的教学方法的引入者。在课堂口语呈现环节，教师引导学生自主地选择、设计、完善感兴趣的话题和内容，学生不仅可以习得知识和所选内容的要点，而且可以将他们所学的英语真正变成一种有效的沟通工具，应用于解决真实的情境问题。

第三，教师是基于项目的学习的教学方法的评估者。教师可以采用多样的评估方法，如口语应用的静态评估，教师对学生口语能力只采用常见的朗读、重复句子、回答问题、情境反应、提问题、信息转换等方式。或者采取巴克曼

（Bachman）的交际语言测试法的动态的评估方式，将测试的分析性评分比例增加，降低印象性评分，提高口语测试的效度。

基于项目的学习方法具备扎实的理论基础，通过该课题的研究，调查问卷、具体的数据和教学成果均可证明该方法具有很强的操作性，是大学英语口语教学中一种有效的教学方法，能够在大学英语教学中，可以有效地提升学生英语口语综合运用能力，希望可以更进一步将此方法提高推广。

此外，基于项目的学习方法作为现有大学英语教学方法的一种，并非对原有教学方法的否定，而是对其他教学方法的外延和扩展，笔者希望可以将此方法与其他方法进行有机结合运用来提高学生的英语口语应用能力。

第五章　高校英语教学模式

第一节　基于微课的高校英语教学模式

一、微课的内涵

（一）微课的特点

1. 教学时间较短

教学视频是微课的核心组成内容。根据学生的认知特点和学习规律，"微课"的时长一般为 5 ~ 8 分钟，最长不宜超过 10 分钟；本科与高职的微课一般在 15 分钟左右，最长不宜超过 20 分钟。因此，相对于传统的 40 分钟或 45 分钟的一节课的教学课例来说，"微课"可以称为"课例片段"或"微课例"。

2. 教学内容较少

微课不同于传统的教室，其在实际教学中主要针对特定的主题以及教学重点来展开，这更加便于老师进行对主题的教学。微课存在的价值是为了突出课堂教学中所要表达的重点以及难点问题，通过聚焦的方式进行二次学习，这样使得所要教学的课题更加精练，同时也便于学生的学习和理解。

3. 资源容量较小

微课主要采用视频以及其他辅助教学硬件来展开，如一堂微课在电脑上所占用的空间只有几十兆字节左右，同时在视频格式的选择上也非常丰富，几乎涵盖了所有的媒体格式，这样师生在进行教学以及学习的过程中就方便了很多，同时资源量小的微课资源也非常便于储存和携带，通常一些常用的存储设备都能够很容易地进行储存和转发，这样更加方便了老师的讲课以及学生的学习。

4. 资源构成"情景化"，资源使用方便

微课采用的教学形式非常多样化，同时其所要表达的教学内容也非常明确以及完整。视频片段的播放方式以及多样化的多媒体素材等更加容易使教学内容变得情景化，从而加深学生的共识以及理解。老师在进行微课教学时利用情景化的教学课件更容易将学生带到教学情境中，这样学生将会更加真实和具体地体会到教学中的内容，同时这种教学方式还能够锻炼学生的思维能力以及感知能力，长期微课的学习同样可以提高教师的技能以及专业能力，从而提升课堂教学质量。学校同样可以针对微课进行教学改革，利用微课带来的优势补足自身在教学模式创新方面的弱点，从而加强学校的影响力。

5. 主题突出，内容具体

微课通常表现的主题非常精练而且专一，这就体现出了微课具有主题突出，同时内容具体的特点，通过对单一问题以及难点的精练以及学习，可以加深学生对于知识点的理解，同时微课在解决一些如学习策略、学习方法等具体而明确的问题时具有非常积极的作用。

6. 草根研究，趣味创作

微课以短小精悍而著称，正因为如此，人们不必担心过于复杂的课件内容，而仅仅针对自己感兴趣或者自己专业所学来进行制作，所以微课被越来越多的人所研究和创造，微课因教学而存在，所以这就说明微课中所要表达的内容一定是与教学相关联的，是在表达一些教学方法以及教学内容，而不是专业地去论述某一个观点或者学术内容，所以这就决定了微课所创造的内容一定是与教师息息相关的。

7. 成果简化，多样传播

微课所表达的内容非常清晰、完整，而且微课所表达的主题非常突出，所以微课的教学内容很容易被学生理解和学习，并且因为微课采用的形式比较前卫，所以微课的传播方式非常方便而且多样化。

8. 反馈及时，针对性强

微课教学内容少，而且教学时间短，教师在教学结束后很容易能得到学生对于教学内容的反馈。同时微课的作用是进行教学的辅助，从而使得教学内容更加具有针对性。

（二）微课产生的背景

"微时代"，指人们以各种小巧便携的移动终端为载体，通过微博、微信等随时随地了解全球资讯的时代。在教育领域，微课正在开启教育的"微时代"。随着移动通信技术、社交媒体的逐渐运用，以及以开放、共享为理念的开放教育资源运动的蓬勃发展，微课作为一种重要的教育资源，日益成为教学模式改革的崭新尝试。

微课又称微型课程、微课程，是指时间控制在10分钟之内，有明确的教学目标和主题，内容短小精悍的视频小课程。微课内容"小而精"，能够有效解决"教"与"学"过程中的重点、难点，以一定的组织关系和独特的呈现方式营造主题式的单元"小环境"。微课不同于传统单一资源类型的教学课例、教学课件、教学设计等，而是新型教学资源。因此，微课能充分利用移动信息技术，切合信息时代学生的认知特点，让学生自由选择时间和空间对课堂教授内容进行深入学习，并且通过师生在线交流使"教"与"学"相互促进，为传统课堂教学提供重要补充，有利于提高教学的实效性。

二、微课教学设计模式研究

（一）微课教学与微课教学设计

教学设计强调的是在进行教学活动之前，根据教学目的的要求，运用系统方法，对参与教学活动的诸多要素所进行的一种分析和策划的过程。简而言之，教学设计是对"教什么"和"如何教"的一种操作方案。

教学设计必须依据自身的授课目的及效能，从整体上考核授课过程中的各个环节以及中心内容，同时对整体和局部进行调整，便于制定周期短、中心准、内容关键的课程。

尤其强调的事情是，一般的课程计划大都根据老师及学生两者的内容进行，全部的授课计划包含老师和学生之间的配合，但此类课程的授课计划关键在于老师一方的授课计划，上课过程中无老师和学生的配合，关键在于课程里面及课程之后学生的主观意识和实际的测验、分析及试练。

微课的质量高低，首要因素就是微课的教学设计。合理的教学设计是保持学生注意力的最佳方式，其次才是微课的表达形式。

其为授课计划概念在此研发经过里的使用，此课程计划必须重视学生的主观获得知识的能力，而且更要思考习得时间的不完全性，习得的方面应该为单独的学识部分抑或能力方面，学习工具的丰富性，学习方法的独特性及数字化，授课行为是一点，属于学生按照音频点的自主习得。

在重难点的微课设计中，微课教学设计应考虑微课讲授知识时要高内聚、低耦合的特点。内聚就是指微课内部各个知识模块之间关系的紧密程度，耦合就是各个微课之间的知识关联的紧密程度。所以，高内聚要求单个微课描述的知识要紧凑、要独立，低耦合则强调了微课与微课间的联系要少，这样学生更容易明白。在综合知识的微课设计时，则要主动加强知识之间的联系，使学生能够综合运用所学知识。

（二）微课教学设计的模型构成

教学设计的系统模型在微课中的应用，结合高校英语教学的特点以及人们对教学设计过程模式的理解与认识，形成微课的教学设计模型。

1. 学习需要分析

授课体系拥有特定的目的，授课目的明确，有利于对授课体系情景进行解析。此为体系观念里一种关键的条例。授课体系的目的需要按照多方的教学体系情景条件去明确，此为制订授课计划的思维点。

由上可知，进行授课计划前，一定要对授课体系的情景进行解析，这一过程，即为针对学习需求的解析。在理性解析学习需求的条件下，才可制订且明确授课计划题目的目的，而且也有更多的其他问题进行考量。在学习需求的解析中，一定要处理老师"教学的目的"，学生"学习的目的"这些关键问题点。

2. 学习内容分析

依据授课目的的指向，不同年级、不同校园有着不同的培育目的，不一样的科目需要明确不一样的授课目的。依据科目目的，明确科目的条件，选择授课素材。基于此，按照科目的综合目的，明确部分目的，在明确过程中，重点强调解析学生应该习得什么学识及能力，实现怎样的目的及水准甚至得到怎样的技能及心态，让自我的身体和心理获得什么样的进步。科目的解析和学生的解析息息相关，不但需要思考老师怎样授课，还需要思考学生如何习得全部知识点。概而言之，在科目的解析中，一定要处理老师授课内容、学生学习内容这两方面的问题点。

3. 教学目标的设计

基于学生需求、课程及学生自身的情况，制订相应的授课计划。授课体系方式及当代授课论点的重要内容包括：授课目的需要之前进行明确，授课计划需要明白解释学习成效，且按照实际的、确定的专业用语来表达，授课前，一定将授课目的清楚地传达给学生，让老师和学生都清楚授课的目的，使双方心里都明白，达到高效的教学，授课松弛有度。相关学术研究人员表示：应该按照学生经过学习之后希望完成的方式更改详尽的目的去明确授课目的，清楚详细的授课目的可帮助授课战略的确定及授课媒介的抉择，而且给授课评断提供了根据。

4. 教学策略的设计

明确了授课目的，授课战略也得明确。授课战略为进行授课的授课指导、方式方法、技能三方面的综合体，属于思考方式与这三点整合一起达成的方式方法。授课战略是为了达到某方面的授课目的而产生的，用于授课过程的全部计划。合适地进行授课，选择详细的授课方式及素材，进行师生遵循的授课方式的流程。

授课战略是达到授课目的的关键方式，属于授课计划研发的关键。授课战略主要研究科目的种类及构架、授课的程序和快慢、授课行为、授课方式、授课样式、授课的时间、授课行为失败解决方式之类的问题。一言概之，授课战略主要处理老师怎样进行教学及学生怎样去学习的问题点。

授课战略的计划应该思考许多方面，一定要创新性地进行授课计划，灵敏地进行授课行为，精巧地计划各方面，合适地利用多方元素，让其成为一个最佳的构成，来实现全部的功效，达到利益最大化，要按照低消耗高效能的准则进行。

5. 教学媒体的设计

以前，使用的授课工具主要是黑板及粉笔，但当代科学技术的发展使得教学工具日新月异。因此，可供选择的授课工具变得多样化，选择方式变得更多。

不但需要选择授课工具，还应该根据实际情况去规划授课工具。授课工具的规划要以授课的事实情形及详细条件为根据，把授课内容及方式转变成纸质抑或音频之类的便于使用的方式，将课程完全呈现给学生，让学生可以消耗少的精力，通过简单、方便的方法，得到高成效。

6. 微课教学过程的设计

综上所述，制订授课计划的人员就能够开始计划授课经过了，就是通过程序表方法，简单地表达授课的经过，简洁地阐明每个元素间的彼此关联，更形象地阐明授课经过，便于老师进行授课。在此方面的学者更偏向于进行授课计划经过方式的论点模子，现实情况达到授课计划的关键个体为老师。因此，在普通情形中，微课类授课计划能够使用思想指导图文的方式达到。

利用图片、文字两方面的技能，可以将需要论述的相关元素通过相关联的图片呈现出来，将重要词汇和图片、色彩关联起来。其充分利用了类似于人类左右大脑功能这一特性，通过回忆、读写、思想等规则，辅助相关研究人员在科技和学术、思维和创造力方面均衡进展，进一步打开了人们大脑皮质的潜在能力。

7. 教学设计的评价

教学设计的评价关键在于形成性方面，在授课计划成效开展应用前，在小区试点，来知晓授课计划是否高效、是否可操作、是否可以实施。在此，授课目的是否达标为授课计划进行方法评估的关键点。若无实现当初的授课目的，就应该对授课计划进行修订，然后试点，再次修订直至完美。

（三）微课教学设计中可参考的教学模式与教学策略

分析学生特征明确了学习的起点，分析教学目标明确了教学的终点，那么如何"教"与"学"就是选择适当的教学模式与教学策略的问题，这也是核心问题。

1. 教学模式与教学策略

授课模式在特定的教学想法、授课理念及授课观念引导下，达成相应的授课目的及课程，关于某类题目产生的相对平稳并简单明了的授课进度构架和详细能够进行的授课行为方法。授课论点和授课行为的连接点，不但是授课论点的使用，与授课行为有着直接的引导成效，还是授课行为的简化版、论点观念的总结，能够充实和发扬授课观念及论点。

通常把授课策略解释成在不一样的授课环境下，为了实现不一样的授课成果而使用的形式的总体，其表现在授课和学习彼此配合的行为里。含有两种分类，即普遍性和具体性：①不和详细的科目学识及技巧能力的授课息息相关方面的战略，如动力推进战略、主动学习战略之类；②对于某种实际学识及技巧授课方面的战略，如写作授课战略、英语读写授课战略之类的。

尽管在实际应用方面，授课形式、授课战略还有授课方式间的关系并不明确，可学术界表示，相比较起来，授课的形式居于高层级，决定着授课战略、授课方式，授课战略相比授课方式要详细、实际很多，被授课方式约束。在某种授课方式中，能够使用更多的授课战略，而且相同授课战略能够应用在多方面的授课方式中。

2. 常用的教学设计模式

在授课观念和实际应用方面，产生了适合多种学习目标的授课方式，有的表现了将教学作为主流的授课想法，有的重视学识。接下来就将某些意义深远的授课计划方式作为案例进行讲解，让大家了解学习。

传递，接纳授课方式及九段授课方式主要表达了将教学作为主流的授课想法；引导，发现授课方式、抛锚式、支架式等授课方式，尤其重视场景的创造、以学生为主的展现，提倡民主、配合、研究的学习方法及战略，所以，具备更为明显的信息化、数字化情景中的授课特点。除此之外，随着科学技术的不断发展，教学方面也一步步研究及产生了更多的信息化的授课方式。民主、配合及研究的学习形式不但属于信息化授课的关键特点，也为新科目革新所提倡。

三、开门见山式微课教学模式应用

（一）开门见山式微课简介

开门见山式表示直接点明主题，不拐弯抹角。开门见山式微课表示教师在微课开始直接介绍本节微课的主要内容与学习目标。这种开讲方法能够引起学生的足够注意，便于其抓住本节课的知识脉络。通过对本节重点概念或关键问题的简介，引入知识内容，既突出了授课的重难点，又是一种微课知识引入的良好方式。开门见山式微课即在视频刚开始就直接阐述微课题目，简洁明了。这一方面，微课与传统授课的过程还是有区别的，即略去课堂语言。开门见山式微课主要针对学习兴趣比较浓厚、积极性较强的学生。

（二）开门见山式微课教学模式设计

开门见山式微课通常教学内容简洁明了，直接切入主题。开门见山式微课教学设计中，知识点的引入要能直接引起学生的关注；知识的讲解要紧凑；教学媒体的选择要适合表现形式，注重直观形象，通俗易懂；教学总结要突出重点，还可以设置一些问题，以检验学生的学习效果。

（三）开门见山式微课的适用场合

开门见山式微课直接点明主题，明示讲解的主要内容与学习目标。这种方法能够引起学生的足够注意,便于其抓住本节课的知识脉络。这种方式适用于主动学习的学生,或者是目标明确、积极向上的学生。

开门见山式微课适用于课程的概念阐述、重难点解析和疑点解析。此类微课适合在与教材配套的数字资源中使用。

四、情境式微课教学模式应用

(一)情境式微课简介

情境式微课即发生在特定时间、特定场合下的各种情况相结合带来的不同场景的微课。情境可以是一种社会环境,它与每个人的个体有着紧密的联系;情境可以是一种心理状态,它关乎着个体在社会事实作用下的心理状况,因为不同的环境和空间对每个个体有着不同的影响和作用。可以说,情境是一种关乎社会学和生物学的自然环境或社会环境的变化,专门指代能够引起个体心理变化、情感表达、思维感知的特定环境。就像英语学习者在学习的过程中,会受到环境的影响,可能是社会层面的也可能是个人层面的情境,因此要用真实情况中的各种问题来对学生进行思维的启发,让学生在不同的情境中有不同的思考。情境给学生带来了学习与思考的创新空间,刺激了学生在学习过程中的智力发展,是一种能引导学生发现问题、解决问题、改善问题的一系列事务环境或是信息源。

课堂的引入要重视创设情境、设置任务,以激发学生的学习兴趣,关注学生的内心体验与主动参与,把学生带入与教学内容有关的情境,让学生在情境中捕捉各种信息、产生疑问、分析信息并引出各种设想,引导学生在亲身体验中探求新知,开发潜能。

(二)情境式微课教学模式设计

在情境式微课中,情境的创设要贴近生活,以吸引学生,与学生产生共鸣,增加关注度。

知识的讲解要注意层次性,注重引导学生思考。教学媒体的选择要契合表现形式,注重直观形象、通俗易懂。问题的讲解要注重情境的延续性,最终要解决情境中的问题，总结考核最好设置一些问题，来检验学生的学习效果，如果存在没有掌握的知识，可重新学习。

（三）情境式微课的适用场合

生活展现情境能使学生直接、鲜明地感知目标，易于在观察中启发想象，比较适合认知类、思政类和素养类课程。音乐渲染情境适用于大学语文、大学美育、体育类课程。表演体会情境可分为进入角色和扮演角色，适用于情景剧式微课的制作。语言描绘情境中，语言要具有主导性、形象性、启发性和可知性，比较适用于素养类、讨论式的课程。情境的创设要选择适合的老师，恰当的数字媒体资源，表现力较强的老师可以使用语言描绘情境，音乐可以衬托渲染情境，图画、视频、动画可以描述再现情境，还可以描述生活展现情境等。

五、探究式微课教学模式应用

（一）探究式微课简介

探究式教学是指教学过程中，在教师的启发诱导下，以学生独立自主学习和合作讨论为前提，以某个知识点或者技能点为基本探究内容，以学生周围的世界和生活实际为参照对象，为学生提供充分自由的表达、质疑、探究、讨论问题的机会，让学生通过个人、小组、集体等多种释疑解难尝试活动，将自己所学的知识应用于解决实际问题的一种教学形式。探究式教学就是将科学作为探究过程来讲授，让学生像科学家进行科学探究一样在探究过程中发现科学概念、科学规律，培养学生的探究能力和科学精神，找到解决问题的方法。具体包含两层意思：一是从教师角度——教学方面的研究，即探究式教学；二是从学生角度——学习层面的研究，即探究性学习。在教学过程中，教师和学生的作用是相互的、不能分开的。

探究教学模式，就是在探究教学理论的指导下，以教学实践和教学经验的探究为基础，培养学生探究能力、探究精神、科学态度、学习方法，由不同模式的探究方法组成的一种教学策略和教学活动，这种教学模式不仅有理论上的基础研究，还有教学目标、教学条件、实践程序等操作过程。教学活动结构和策略体系有四大要素，探究教学模式是这四大模式的重要表现，因为探究教学模式更多的是一种教学策略，是从微观层面的一种具备一定操作技能的战略。在教学活动中，由于探究教学模式从起初被提出时就一直存在于不同的阶段，拥有一定的出场顺序，因此具备框架性和结构性，是一种教学过程中的程序，概括了教学在实施过程中的具体效果。

探究式教学需要师生同时参与进来，老师和学生一起探究教学活动，其目的并非培养少数的精英和人才，而是培养有素养、有科学意识的公民。教师在开展探究教学模式时要注重学生的存在，以学生来开展智力培育和情境交流，通过学生的不断探索来获取知识，在探索的过程中辅导学生解决问题，不仅要以学为中心，更要以学生为中心，促进全体师生的共同参与。这种模式的教学有助于对学生的素质教育和创新能力培养，并且符合基本的认知规律和自然科学的发展。探究教学有以下7点特色。

1. 教学过程的主体性

探究式教学模式突出了学生在教学过程中的主体地位，教师主要是指导学生进行自主探索和自主研究，鼓励学生的大力参与和充分研究，让学生更好地发挥主体地位的探究作用。

2. 探究学习的自主性

在探究式教学中，学生是在教师的指导下自主参与教学的全过程，只有依靠学生自己的自主研究，才能获取相应的知识内容，单纯的知识灌输将不复存在。

3. 情境创设的问题性

科学探究需要有出发点和动力来刺激推动，提问就扮演着动力的作用，教学过程中教师对学生提出丰富精彩且有挑战的问题，可以促进学生的积极互动和交流，提升学生的问题意识，活泛学生的思维创造能力。探究教学要以问题为核心和导向，以有趣的问题、符合学生兴趣的问题来开创学生的思维，平衡好学生喜好和教学任务之间的关联，充分关注学生的内心动态。

4. 信息交流的互动性

探究式教学注重学习过程中的交流与互动，既可以是小组之间的交流，也可以是全班的互动交流，不同于以往的传统教学模式，探究式教学强调师生之间以及学生之间的互动交流，让教师与学生在课堂上互相沟通、进行有效互动，共同构成学习的小团体。师生之间的互相学习也能促进每位学生表现自我、挖掘自我，让学生在学习过程中能够有更多的机会发挥优势和特长，激发学习的动力。

5. 师生关系的和谐性

探究式教学以学生为中心和主体，以师生之间的交流合作为基础，致力于营造积极活泼向上的课堂氛围。教师与学生之间是朋友的平等关系，是学友的民主关系，教师传授讲解是为了学生更好地理解，方便学生更好地学习。这种氛围下的教学可以促进学生更好地进步，激发学生的学习主动性和积极性。不同于没有师生沟通交流的生硬和死板性课堂，这种模式下的课堂感染了师生彼此的心境，避免了学生的厌学情绪和排斥情绪，大大提升了学生的积极性。

6. 教学要求的针对性

不同的学生之间也会存在不同的差异，每个学生的出生环境、教育背景、心路历程、学习态度、后天努力程度甚至先天情况都会对学生有着不同程度的影响。这种情况下，传统的教学模式并不能区分学生的差异性，导致学生之间的获得感相去甚远，有些学生觉得轻松掌握的知识内容对另外一批学生而言吃力困难，导致两极化的形成。探究式教学不同于传统的教学模式，而是将学生分成不同层次来有针对性地创建教学任务，更有针对性地培养学生，实现了课堂的最高效率化。

7. 教学评价的激励性

以往的教学模式是教师单方向评论学生，而探究式教学是教师与学生之间通过互相评论、自我评论、组合评论等构成的评论模式，体现在教学的过程和结果中。结合探究式教学对于学生分层次的培养，让学生可以得到进步和提升，潜力被大力开发。评论可以促进学生的自我感知，尤其是表扬性质的评论和学生对于教师的评价，让学生获得更大的进步，因为不同程度的表扬和不同机会下的表扬，都能帮助学生形成自我满足感。

总之，探究式微课教学设计就是指知识点与技能点适当结合的学习内容，创设生活中与专业相关的教学情境，以问题为中心，采取合作交流的方式，在教师的引导下，通过学生的实验、观察、操作、调查、信息搜索等方式，学生自主地解决问题的教学设计。

（二）探究式微课教学设计模式

探究式教学是一种以学生为中心的教学模式，主要强调学生主体地位的发挥，倡导学生自主、合作、科学思维的学习方式与策略。然而，在微课的教学设计中，以教师为主要讲解者，所以强调教师的角色扮演问题，既可以让学生提出问题，也可以让教师扮演学生角色提出问题、探究问题、解决问题。探究式微课的教学设计包括提出问题、产生假设、验证假设、总结结论四个环节。

（三）探究式微课的适用场合

探究式微课适用于理论性与实践性并重的工科类课程，如数据结构、数控机床的维修、机电设备故障诊断与维修、计算机的维修、网络故障的诊断与维修等。

六、抛锚式微课教学模式应用

（一）抛锚式微课简介

建构主义"以学为主"的教学策略有支架式教学、抛锚式教学和随机进入教学三种。这三种教学方式都是将学生作为教学中心而进行的设计，不仅能够激发学生自主学习的兴趣，同时也能有效地促进知识结构的构建。

抛锚式教学是指在多样化的现实生活背景中或在利用技术虚拟的情境中运用情境化教学技术以促进学生反思提高迁移能力和解决复杂问题能力的一种教学方法。抛锚式教学作为学习框架之一，它希望学习者通过在相应的技术环境中的学习来处理相对复杂的问题。在抛锚式教学的学习环境中，学习者所学的学习内容和学习过程是具有真实性的，学习的结果也可以迁移运用，不断提高学生的学习兴趣，使学生的学习变得更有活力。

抛锚式教学要求建立在有感染力的真实事件或真实问题的基础上。通常将这一类真实的事件和问题称为"抛锚"，因为如果这十类事件和问题被认定了，整个教学活动中所进行的教学内容就被固定下来，就如同被锚所固定的轮船一样。在建构主义学习理论中，有些学者认为，学习者如果想构建自身所学知识的框架，即对所学知识展现出的性质、规律等方面的深入了解，最有效的方法无疑是让学习者在真实的环境中去学习体验，通过实践获得经验，而不是仅仅听从教师对经验的介绍以及讲解。

由于抛锚式教学要以真实事例或问题为基础（作为"锚"），所以有时也被称为"实例式教学"或"基于问题的教学"。

抛锚式教学中的核心要素是"锚"，学习与教学活动都要围绕着"锚"来进行设计。教学中使用的"锚"一般是有情节的故事，而且这些故事要设计得有助于教师和学生进行探索。在进行教学时，这些故事可作为"宏观背景"提供给师生。由于该模式在全球范围内产生较大的影响，已得到广泛认可和应用。

抛锚式教学的基本环节包括创设情境、确定问题、自主学习、协作学习、效果评价。然而，由于微课本身是一种单向的教学，所以它在基于抛锚式微课开发时，更多的是以真实事例或问题为基础的实例式教学，或者是基于问题的教学。

（二）抛锚式微课教学设计模式

抛锚式教学的主要目的是使学生在一个完整、真实的问题、事件或环境（具体来讲就是一个事件、一个真实的场景，或者是一个真实的项目）中产生学习的需要，并通过学习者共同体中成员间的互动、交流，即合作学习，凭借自己的主动学习、生成学习，亲身体验从识别目标到提出和达到目标的全过程。总之，抛锚式教学是使学生适应日常生活，学会独立识别问题、提出问题、解决真实问题的一个十分重要的途径。

（三）抛锚式微课的适用场合

抛锚式微课适用于思想政治类、财经类等文科或者素养类讲事实、说道理的系列专题微课开发，因为这种类型的课程通常能以视频、动画、图片的方式把学生引入相关的事件当中,表达方式相对单一。

七、理实一体式微课教学模式应用

(一)理实一体式微课简介

理实一体式微课即理论实践一体式的微课教学设计模式。其突破以往理论与实践相脱节的现象,教学环节相对集中。它强调充分发挥教师的主导作用,通过设定教学任务和教学目标,让师生双方边教、边学、边做,全程构建素质和技能培养框架,丰富理论教学与实践教学环节,提高教学质量。在整个教学环节中,理论和实践交替进行,直观和抽象交错出现,没有固定的先实后理或先理后实,而理论中有实践演示,实践中有理论的应用,突出学生动手能力和专业技能的培养,可充分调动和激发学生的学习兴趣。

理实一体式教学中主要运用讲授法、演示法、练习法。

1. 讲授法

课堂上的讲授法很重要,通过不同项目的演示操作,以及对相关内容的总结,以此来提出相应的概念和理论基础。同时又要以教学内容为出发点,不但要突出重点,更要按照系统的有序性来进行教学活动。讲课的课程其实并不多,通过"提出问题—分析问题—解决问题"的方式,做到由简入繁,不但服务于知识结构本身,同时也符合学生自身的学习规律,并能使学生对专业知识有深刻的理解。

2. 演示法

教师通过演示法将理论与实践统一的教学过程中的实验操作展现在学生面前,以此来使学生获得更为清晰正确的知识内容。它不但可以使学生学到清晰正确的知识,也会不断深化学生对所学知识内容的理解,将抽象的理论与实践结合起来,以此来协助学生形成新的观念,学习新的技能。同时教师也应准备好相应的教学工具。

3. 练习法

练习法是指学生学习完理论课之后,在教师的指导下进行操作练习,从而掌握一定的技能和技巧，对理论知识通过操作练习进行验证，系统地了解所学的知识，练习时一定要掌握正确的练习方法，强调操作安全，提高练习的效果。同时教师也应认真进行学习指导，加上对学生的学业监督，如果发现错误，及时进行纠正，以此来确保练习的准确性。教师应对每一个学生进行实际的观察并做好笔记，以此来增强学生的学习成果。而对不进行实际操作的学生，要在旁边认真观摩，并指出相应操作中的错误，教师可以对学生的所学内容展开询问，并以此作为学生学业测试的考核分。

将理论与实践结合为一体的教学模式是为了实现教学与实践的协调统一。采用理实一体的教学方式，一方面，能够提高教师的理论能力和增强教师的理论水平；另一方面，教师将理论知识应用于教学实践中，让师生的关系更为紧密，以此来打破师生间的隔膜。不仅能极大地激发学生的学习热情，还能培养学生的自学意识，达到出人意料的学习成果。

基于理实一体式的微课教学设计注重讲授与演示，练习环节要结合学生所学专业的情况而定。

（二）理实一体式微课教学设计模式

理实一体式微课突破理论与实践相脱节的现象，教学环节相对集中。如果实训项目过大时，建议开发系列微课或者专题微课，实训类微课可以加强知识的联系与应用，也可以结合抛锚式或者探究式使用。

（三）理实一体式微课的适用场合

理实一体式微课适合职业教育电子类、电气类、机械类、汽车维修类、计算机类、机电一体化、经管类实训、物流类等众多实践性较强的专业使用，也非常适合开发系列化的专题微课。它不仅能将现场操作演示、虚拟展示、桌面操作过程等记录下来，同时也便于模仿与推广。

第二节 基于慕课的高校英语教学模式

MOOCs，是 massive open online courses 的简写，在我国被译为"慕课"，但其英文简写更能体现它的特征和内涵，所以在我国 MOOCs 的写法也比较通用。MOOCs 在短短的几年时间内以其强大的媒体间性作用，给全球教育带来了强有力的冲击和影响，令不得不将 MOOCs 纳入大学英语多模态课堂教学研究的视域，探讨其对大学英语教育教学改革的影响，研究大学英语教师应如何应对和发展。

一、MOOCs 的特征

通过对 MOOCs 内涵的深入分析，不难发现，MOOCs 不同于传统意义上的教育资源，也不同于网络公开课，它的核心是通过互联网实施教育的全过程，这也是 MOOCs 区别于麻省理工（MIT）的 OCW（开放课件）及其他网络公开课的根本特征，因为网络公开课只是将"授课"这个教学环节搬到了网上，其过程并没有涵盖教学活动的七要素，特别是缺乏互动和学习反馈，MOOCs 具有高度开放共享、高度信息化、知识全球化、高度适应性等主要特征。

（一）高度开放共享

MOOCs 的学习人群高度拓展，其学习者不只是在校的注册学生，并且这些学习者不分国籍、民族、性别和年龄，课程的学习也不要求学费（需要特定的证书或学分的课程除外）。MOOCs 课程是让大家共享的，这是由教育资源开放性，以及教育的公平性、大众性等所决定的核心特征，是要将国际化优质教育资源开放与全球人共享。

（二）高度信息化

作为教育信息化的新产物，MOOCs 既是信息技术与课程教学高度融合的集大成者，也是极具代表性的教育技术发展的产物，是数字信息时代最新型的革命性教育范式。MOOCs对教学媒体的使用和对媒体间性的整合,充分展示了新媒体和媒体间性的魅力。例如,视频授课并不是唯一的授课形式,富文本编辑器、flash、HTML5都可以制作MOOCs课件。最重要的是MOOCs非常重视授课过程中的互动,常见的互动形式包括视频内嵌测验题、伴随课件的讨论、虚拟实验等。

(三)知识全球化

经济全球化大背景下,教育资源开发和获取的形式全球化是MOOCs的一个重要特征,也是它赖以生存和发展的环境决定因素。知识的全球化打破了传统教育中的教育资源垄断和知识垄断,在任何时间、任何地点,只要能够上网,任何人都可以通过MOOCs学习知识,参与知识的关联和重构,所以知识全球化也是MOOCs高度开放共享特征的重要表现。

(四)高度适应性

作为一种新型的教育范式,MOOCs的适应性首先体现在它的可扩张性,即高度适应性。传统课堂往往是一位老师面对人数确定的一群学生,但MOOCs"大规模"课堂与传统课堂不同,MOOCs的课堂是针对人数和时间不确定的参与者设计的,也是针对网络特点而进行全新制作的,具有高度的弹性化和适应性。在高度适应性特征的基础上,MOOCs既能够满足学习者个性化的自主学习,真正促进终身学习的发展,也能够与传统教育实现对接和融合。所以,MOOCs因其高度的适应性而有助于实现教育的可持续发展。

尽管MOOCs平台努力将一切教育行为都搬上互联网,但其实不可能完全做到,或者确切地讲,不可能照搬传统教育中的一切教育行为,因为教育工程的复杂性决定了教育行为的复杂性,不同的学科,不同的课程,需要的教育工具都不同尤其是实践性很强的课程,如物理、化学实验,无论采用何种虚拟现实技术,虚拟世界跟现实世界总是存在一定的差距,无法提供现实世界对学习者产生的真实自然的刺激,学习者在虚拟学习环境中的模态参与和体验不能等同于现实世界。尽管虚拟世界无法替代现实世界,但是现代技术都在最大限度地帮助认识这个世界,在线教育的优势会在未来MOOCs的发展中体现得更加充分,并且要以线上线下相结合的方式,弥补在线教育的内在缺陷,这才是MOOCs的真谛。

二、MOOCs的主要组成部分

MOOCs作为一种网络开放式在线课程,其基础其实就是网络平台,传授者是教师和各方的专家学者,教学的内容是在线视频的课程,学习者是MOOCs网络在线平台的注册学员。所以,MOOCs的主要组成部分就是在线网络平台、课程、教师和学生;除此之外,其不可或缺的重要组成部分还有互联网技术、资金投入、相关国家政策支持,高校、教育机构及互联网企业的参与和推动。技术为MOOCs的发展提供了多方面的便捷途径,网络的普及使得电脑成为生活必需品,人们已经开始接触并习惯于从网络获取新知识,而大数据、人工智能、云计算等技术的发展为MOOCs高效共享教育资源提供了很大的便捷。同时大量资金的投入也是MOOCs快速发展的一个重要因素,MOOCs商业化的运作可以吸引更多优质资源,使管理层面更加规范,运作也变得更加高效,其高效运作也离不开国家政策的大力支持与引导。高校、互联网企业、教育培训机构是MOOCs得以快速发展的推动者,在MOOCs发展的历程中发挥着倡导和参与的积极作用。

(一)网络平台

MOOCs建立的基础是网络平台,网络平台为MOOCs课程资源的展示以及MOOCs课程参与者之间的交流沟通提供了物质基础。

MOOCs网络在线教育平台搭建起来的因素是互联网技术基础,它对外免费开放,为教师提供授课的场所,为学员提供丰富的学习资源,它为学员和教师之间,学员和学员之间沟通交流搭建了平台,实现了学习资源的共享互动,除此之外,MOOCs在线网络平台作为一个巨大的根据地,还提供了教学管理和学员学习考核等一系列的功能,也是MOOCs在线网络平台重要的组成部分,承载着MOOCs教育的所有使命,同时MOOCs网络平台的内部也有一些分类,根据所服务的教育不同属性可分为服务高等教育的MOOCs平台、服务基础教育的MOOCs

平台和服务职业教育的 MOOCs 平台。

（二）网络视频课程

MOOCs 在线网络平台的核心组成部分是网络视频课程。

MOOCs 的课程以在线视频讲授的形式呈现，也就是授课老师提前录制好视频，然后传到网络平台上播放。视频课程的录制与互联网的传播特点相结合，建立于大学传统教学课堂安排的基础之上，每一门课程的教学时间通常为 4～16 周，不同课程的节数当然也是不一样的，授课老师根据教学大纲、教学目标和教学内容来具体安排内容，课时数一般都不会超过 16 周；每门课程所录制的视频根据传统 1～2 个小时的课程，再按照知识模块来分解成时长 8～15 分钟的一个个微视频：MOOCs 微课堂的设计是为了使学生能够自由把握学习进度，以便提高学生学习的自主性，学生只有按老师的要求完成一个模块的学习后才可以进入下一个模块的学习。

MOOCs 主要课程的呈现方式包括短视频、嵌入式小测验、课后测验、结业考试、课程讨论等。嵌入式课程测试与评估的设置，不仅提高了学生的学习参与度，而且大大激发了学生的学习热情，提高了学生的学习质量。除此之外，值得一提的是 MOOCs 网络课堂的所有课程视频都是可以免费下载的，方便学生重复观看和学习。

MOOCs 网络课堂的互动性极强，在平台上有很多极富生气的讨论区，选择同一门课程的学生聚集在这个讨论区中相互交流，有些授课教师也会积极参与进来，并且还有教学助理对讨论区中学生热议的问题反馈给老师，然后老师再继续集中做出解答。有的学生不甘于线上讨论，甚至会通过线上去约定时间、地点，通过见面的方式讨论学习情况。MOOCs 网络课堂与其他远程教育或在线教育相比，除了可以实现教育资源的优化共享之外，还可以实现学生与教师以及学生与学生之间的相互沟通，实现线上课程测试与考核相结合，它建立起了一个完整的课程结构，大大提高了学习质量。

（三）教师

MOOCs 在线网络平台的主导是教师。任课教师通过录制讲课视频来传授知识。MOOCs 课堂的教师和传统教师的职责并不完全一样，虽然都是在讲课，但是不再固定于教室里，不再是面对面的授课。MOOCs 网络课堂的任课教师必须根据课程的安排，提前录制讲课视频，设置微课堂的课堂小测，还必须在课后登录网络平台为学生解答疑难问题。

MOOCs 网络课堂对任课老师要求很严格，因为他们要接收全球各个国家、各个阶层人士的学生，不仅要具备专业的教学知识，还要掌握不同的授课技巧，要达到能让更多人信服和认可的能力，只有专业功底过硬，讲课内容熟练，讲授方法新颖独特，才可以得到更高的点击率。

（四）学生

MOOCs 在线网络平台的主体是学生。他们不仅要参与课程的讲授环节中来，还要参与到课程学习交流、课程测试及考核等各个交互环节中来。MOOCs 学生来自世界各个国家，不同种族，不同语言，在整体上呈现出高学历、多知识结构的特点，这些都丰富了 MOOCs 网上学习资源的多元性。

学生加入 MOOCs 也有不同的学习动机和学习需求：有的学生是希望在名师指点下去填补知识空白与不足，去完善知识结构内容；而有的学生仅仅是兴趣爱好；有的学生则是工作之余用学习来充电；还有的学生是真心想接受新知识，通过不断的学习去掌握了解社会潮流和发展趋势。MOOCs 在线网络平台的学生在整体上呈现出来了高学历、多知识结构的特点。

三、MOOCs 中英语教师的发展

（一）MOOCs 时代高校英语教师的核心素养

不同时代的人们对于素养的界定不同，过去人们所说的 English Literacy 局限于"读写能力"。随着信息时代的发展，特别是信息化、全球化的迅猛发展，Literacy 的内涵拓展到了诸如视觉素养、计算机素养、媒体素养和跨文化素养。除了上述各种素养外,一名高校英语教师还必须具有从事高校英语教育教学所需的英语专业素养、教师职业素养、现代信息素养及综合人文素养。

1. 英语专业素养

高校英语教师是高校英语教育教学的主体,高校英语教师队伍的专业素养应当与其所从事的职业相适应,应当与高等教育的发展相适应:十几年前,入职普通高校英语教师岗位可能只需本科英语专业的学历,而如今,入职重点高校的英语教师岗位一般都要求具有博士学位,地方普通高校对入职高校英语教师岗位也普遍要求具有硕士以上学位。由于英语专业硕士研究生毕业生规模大,通常招收硕士毕业生都是百里挑一。在这种情况下,高校英语教师的专业素养是否一定都很过硬呢?其实未必。对高校英语教师的专业素养,没有作过系统的调查研究,不能妄谈,但就学者调研得知,所在单位高校英语师资队伍情况来说,尽管每年应聘高校英语教师岗的硕士毕业生中大多数毕业于国内985、211知名高校,还有相当一部分毕业于国外名校,但在每年招收新教师的应聘笔试、面试、试讲过程中,还是能够感受到这些入职的新教师在专业知识结构和职业素养等方面存在的不足和缺失。提升这些新入职的高校英语教师的素质已经成为各校高校英语教学部门所面临的主要任务。

就英语教师的专业知识而言,首先要加强对语言本体的研习,不谙英语的本体知识,岂能做一名合格的英语教师?语言学理论对高校英语专业的教师也是不可或缺的基础专业知识,但绝不能用普通语言学理论替代英语本体理论的研习。由于毕业学校及其修读专业方向的差异性很大,新入职的高校英语教师在专业知识结构方面有可能存在较大缺失,使得这些新教师不能很好地适应高校英语教学岗位。例如,部分新教师在其本科、研究生学习阶段,对英语语言学的学习局限性大,未能系统研修过诸如英语语音学、英语词汇学、英语语法学、英语修辞学等能体现学科本体性质的课程。

随着高校英语教学改革的深入,专门用途英语在高校英语课程体系中的比重越来越大，对于培养具有国际化应用型人才具有重要的意义。所以，除了上述关于加强英语专业本体研究外，青年高校英语教师还要担当高校英语课程改革的重任，提高自身的专门用途英语水平，服务本科专业人才培养的需要。

2. 教师职业素养

在教师的职业操守中，始终应当坚持"德为先"。所以，师德、师风建设是教师职业培训的主旋律。当然，师德取代不了师能，师德、师风、师能是教师队伍建设中的一个整体要求，教师必须具有优秀的专业水平和素养。

作为一名外语教师，自身的语言水平只是其教师职业的基础，除此之外，还应当具备必要的职业素养。一名高校英语教师能否成功，不仅仅取决于其英语专业水平，也受制于诸如经验、品质、个人魅力、职业动机、接受的培训等多种因素。教师的知识结构还应涵盖教育学和心理学，尤其是教育心理学等方面的知识。

在MOOCs浪潮的冲击下，高校英语教育教学改革任务艰巨，对教师的职业素养要求也不断提高，高校英语教师不仅要具有良好的人格风范、职业道德等师德素养，还要能够熟练运用教育心理学、教育技术学、教学设计等教育理论不断改进教学方法，同时，还要在教学改革中提高教研、科研水平和学术素养。

高校英语的课程性质及其在高等教育中的地位，致使很多人误认为高校英语教师只需上好课，不必搞什么教研、科研。这是对教师科研素养的一种误解。科研素养是成就优秀教师的重要条件之一，一名优秀的高校英语教师通常都比较重视在教学改革中开展教学研究，并能够运用研究成果推动教学改革。换句话说，在高校英语教学改革实践中，教师要不断提升自我的科研素养。高校英语教师应当在行动中学习研究，在研究中行动，这就是在职教师的"再学习"能力。

针对全球化、信息化、数字化时代外语教师"再学习"能力的培养问题，清华高校外语系杨永林教授结合"体验英语写作"数字化训练系统的研制与开发工作，总结了八个方面的实践经验：有一个比较清醒、善于学习的头脑；有一双不断探索、敢于实践的双手；有一个勤奋进取、总有收获的信念；有一个比较扎实、相对全面的基础知识；有一种不断思考、勇于求新的探索精神；有一种健康向上、淡泊名利的教学研究心理；有一种与人为善、和睦相处、注重合作的团队意识；有一种体验过程、感受快乐、分享结果的哲学思想。

3. 现代信息素养

MOOCs浪潮的实质是新媒介与学校教育的整合，而慕课视域下的数字化教学改革与研究的关键还是教师。面向全球化、信息化、数字化时代的高校英语教学改革，必须调动一线教师的积极性，发挥其主观能动性，有意识、有目的地进行创新教学与研究。

在高校英语教学过程中，不难发现，与那些伴随数字化发展而成长起来的一代学生相比，任课教师，特别是中老年教师的信息素养还普遍较低，较难适应数字化教学改革的需要。这也是主体间性视角给教学管理者的启示，在数字素养发展不平衡的师生主体之间，教师必须改变观念，主动"放下身价"，乐于与学生合作，共同提高多元识读能力，充分利用多媒体教学条件，创新教学模式，最大限度地调动和促进学生的多模态学习，强化人际和人机互动，实现有效的高校英语教学。

人类已经进入新媒介时代，信息技术的迅猛发展影响着社会生活的方方面面，知识经济全球化和学习化社会成为现实，教育信息化已经成为共识，在高校英语教学领域，计算机辅助语言教学虽然已经有数十年的发展历史，但随着网络英语教学的蓬勃发展，对英语教师的信息素养要求也越来越高，英语教师必须具有高度的信息素养。

信息素养是一个比较宽泛的概念，在学界有各种界定，但其核心是人们在信息社会中获得信息、利用信息、开发信息等方面的修养与能力。信息素养是对计算机文化、超媒体文化和网络文化的概括和发展，网络教育技术条件下英语教师的信息素养是对计算机、超媒体和网络等文化的集成。与此同时，英语教师的信息素养还与视觉素养、艺术素养和数字素养等密切相关。

  信息素养的内涵十分丰富，既包括人们在信息知识、信息技能方面的实际水平，也包括信息意识、信息情感、信息伦理道德以及信息法规等多方面的内容。深入分析信息素养的基本内涵，可以把它划分为三大目标体系。一是知识体系，主要包括基本的传播学知识、文献检索知识、多媒体技术知识、计算机网络知识等内容。二是能力体系，既包括人们在获取信息、批判性评价信息、有效地吸收、存储和快速提取信息，运用现代信息技术手段表达信息，创造性使用信息，创新信息等方面的实际能力，还包括人们将以上处理信息的能力转化为个人自主、高效地进行学习和交流的能力。信息能力是信息素养的首要内容，是人们适应信息化社会生存的基本条件，是人们适应终身学习型社会的重要素养，它可以使人们在信息社会生活和工作中立于不败之地。三是包括信息意识、信息观念、信息伦理道德、信息法规与社会责任感等在内的意识体系。

  在MOOCs背景下，如何培养教师的信息素养，充分发挥网络教学优势，已经成为深化英语教学改革和课程建设的重要内容。多媒体、网络技术给"教"与"学"都带来了广泛而深远的影响，网络信息技术的不断更新，使学生可以选择在学校网络自主学习中心的多媒体机房、语音教室、校园局域网、网吧、手机、iPad等多媒体条件进行学习，为学生创造了无处不在的学习环境和立体化、数字化的"泛在学习"模式，为课堂教学也注入了新的活力。与此同时，互联网的迅猛发展也促进了人们教育观念的不断更新，大数据、学习文化、自主学习、泛在式学习和学习共同体等教育新概念也随之相伴而生，这一切给高校英语教学增添了无限的生机和活力。在以信息素养为基础的学习文化中，教育的开放性使个人成为真正的"终身学习者"，以学生为中心的教学活动使学生成为学习的真正主体，学生之间，学生与教师之间组成既高度互动又高度个性化的学习共同体。教育信息化呼唤教师与时俱进，尽快提高信息素养，关注媒体的演进规律，及时掌握新媒体，创新课堂教学媒体形式和交流互动模式，优化课堂"教"与"学"的环境，更新"教"

与"学"的文化、观念和方法。

人类进入MOOCs时代，培养教师信息素养成为当务之急，作为高校英语教师，首先应该明确认识到，信息素养是一种可以通过教育培训而养成、通过实践而加强的能力和素质。

4. 综合人文素养

教师人文素养就是教师所具有的人文精神及教师在日常生活中体现出来的思想、道德、情感、心理、性格、思维模式等方面的气质和修养。人文素养对高校教师的素质结构、师德修养、人格塑造、教学风格和专业发展等都起着巨大的作用，高校必须重视加强提高教师的人文素养，广大教师更要重视加强自身的人文修养，就高校英语教师的人文素质而言，除了基本的教师人文素养外，还要具有较高的中外文化素养，即使不能要求高校英语教师像前辈大师们那样做到学贯中西，至少也要对东西方文化有比较全面的了解和客观的认识，至少要熟悉东西方文化史、西方哲学史、东西方宗教史，要对当代西方主要思潮和文化趋向有所了解和认识。专业知识和人文素质是英语教师开展教学和学术研究的最根本底蕴，教师的素养绝不限于精通语言学理论、精通英语，也不可用学习教学理念替代自身教学能力的锤炼。英语教师应当把专业素养和人文素养作为自己毕生的自觉行为，从小处做起，持之以恒，随着经济全球化、教育信息化、语言文化多元化的不断深入，要理解和欣赏不同文化之间的共性和差异，批判思维意识、跨文化素养已经成为现代人必不可少的素养，跨文化交际能力的培养可以划分为"跨越"与"超越"两个层面，结合我国高校英语教学来说，"跨越"是对英语文化的理解和英语交际能力的提高，"超越"则指超越英、汉两种语言及其所反映的具体文化而获得一般的、整体意义上的文化意识以及辩证的、宽容的态度。在高校英语教育教学中，"跨越"是文化教学的主要关注点，"超越"则是更为重要的教育目标，高校英语教师肩负着培养国际化人才的重任，自身的思辨能力和文化素养至关重要。

在MOOCs、微课、翻转课堂的教育思潮影响下，泛在学习成为现实，新媒介的发展改变着社会化的本质，改变着人们的联系方式，也在不断强化非正式学习的角色，不仅终身学习能力、自适应能力、团队合作意识等是高校英语教学对高校学生的培养目标，而且自适应能力和团队合作意识等也成为作为终身学习者高校教师的基本素养。

（二）MOOCs时代高校英语教师专业发展的路径和方略

提升高校英语教师的专业水平和教学能力不仅需要学校和院系的支持和政策保障，更需要教师自身的不断追求和努力。

教师素质是提高教学质量的关键，也是高校英语课程建设与发展的关键。学校应建设年龄、学历和职称结构合理的师资队伍，加强对教师的培训和培养工作，鼓励教师围绕教学质量的提高，积极开展教学研究，创造条件因地制宜地开展多种形式的教研活动，促进教师在教学和研究工作中进行富有成效的合作，使他们尽快适应新的教学模式。同时要合理安排教师进行学术休假和进修，以促进他们学术水平的不断提高和教学方法的不断改进。

在管理层面，组织、支持和保障教师在职培训、交流与合作，这是高校英语教师专业发展的主旋律。

首先，教学管理者必须把师德、师风、师能建设制度化、常态化。师德、师风、师能建设是教师职业生涯的永久主题，需要管理者长期有组织、有计划地实施，特别是通过各种主题活动，如教学观摩活动、年度授课名师评选等，不断加强教师的师德、师风和师能建设，保障教师整体水平和素质的不断提升。

其次，坚持教改、教研、专业发展一体化，组织、支持一线教师开展基于教学改革的研究，通过教改提高教师的研究能力、教学水平和团队合作意识，并通过推广应用研究成果，推动教学改革向纵深发展。

最后，加强教学和科研条件建设，保障教师教学改革与研究。近年来，我国普通高校的现代教育技术条件不断得到改善，办公室一般都配置有一定数量的电脑，并可以登录宽带校园网，不少学校都装备了足量的多媒体教室，学校一般都建有网络技术中心，以保障信息化教学装备建设和技术培训服务。学校建设专门的高校英语网络自主学习中心用来保障学生的英语自主学习需求，建设微课制作室、多模态语言认知研究室等加强教学和科研保障力度。

高校面向专业人才培养的高校英语课程建设，需要一支高水平的高校英语师资队伍。在高校英语教师专业发展中，要站在MOOCs大发展的时代高度，坚持教师发展理论化，教学理论行动化、教学行动研究化、教学研究成果化的导向。

第一，教师发展要占领理论制高点。教师教育教学理论要不断更新，关注和提升自己在应用语言学理论、教育学理论、教育技术学理论、教学设计理论、学习理论、教学理论和教育生态学等方面的学习和实践，保持理论前沿性、整合性和实践性。

第二，教师发展要坚持理论与实践相结合。教师要积极主动地将自己掌握的教育教学理论和英语教学理论运用到自身的教学实践中。MOOCs的迅猛发展引发教师主体角色的多元化和挑战性，特别是把教师从"讲坛上的圣人"转变为"身边的指导者"，教师必须不断用现代教育教学理论来武装自己，把理论应用到高校英语教学行动和改革实践中。

第三，教师发展要坚持在行动中研究，在研究中行动。行动研究是高校英语教师实施教改、教研一体化发展的重要策略，围绕高校英语教学改革实践做研究，研究成果反哺教学实践，研究是实践的重要向导，但教师做研究不能停留在经验层面，经验往往会误导行动，因为认识常常是有局限的。通过理论研究，才会超越经验主义，才能够把眼光放长远些。要经过不断地研究、实践、反思、再实践、再研究，直到恰当地解决教学实践中遇到的问题，实现有效教学的目的。教师在行动中研究，不是孤行者，通过建设强有力的教学团队或者学习社团，特别是MOOCs背景下的网络虚拟社团，不断强化教学行动研究。

第四，教师发展最终要将教学研究成果化。教师发展的核心成果是教师自身在专业素质、职业素养和教学水平上的进步，而物化教师发展成果的方式则是多样性的：首先是教学质量的提高，受益者是学生；其次，教师及其团队通过教改、教研一体化的专业发展，能够凝练成具有一定实用性、创新性和推广性的教学成果，既可以通过正式的学术论文发表，也可以通过学术会议交流和推广。

第三节　基于翻转课堂的高校英语教学模式

一、翻转课堂对教学方式的影响

（一）翻转课堂由学生自己掌控学习

翻转课堂实施后，学生可利用微课或PPT等教学视频资源，根据自身情况来安排学习进程。学生可在课外或回家轻松地观看教师的视频讲解，而不必担心教学节奏快慢的问题。如遇到不理解的问题，还可以寻求老师或同伴帮助。它可以使学生充分利用有限的时间来攻克难点问题，提高学生的学习效率，同时让学生个性化地学习。

（二）翻转课堂促进师生之间及生生之间的互动学习

在课前的微课学习中，学生可以通过生生合作交流来培养其合作精神；课堂上，教师可利用师生互动和生生互动的方式去共同探索学习中的疑难点，以达到提高教学效率的目的。当教师成为指导者之后，学生就会发展起自己的学习小组，相互协作，共同学习，而不再依靠教师，最终成为最好的学习者。

（三）翻转课堂形成了新的教师与家长交流方式

在以前的家长会上，父母关注最多的是孩子在课堂上是否有积极的表现。翻转课堂实施后，家长关注的便是：孩子是否在学习？教师和家长如何能帮助他们成为更好的学习者？

以前的教学模式，学生光上课听老师讲，不看课本，基础知识不牢固，有时上课注意力还不集中；翻转课堂通过预习环节，让学生充分阅读课本知识、理解课本内容，夯实基础，让学生自己掌控学习，培养学生自主管理的能力，提高学习效能，促进学生的向个性化发展，把翻转课堂融入教学将会有利于我们的教育发展。互联网和计算机技术的发展和普及，使翻转课堂教学模式具有了更大的可行性和实用性。

二、翻转课堂环境中学生的作用及特点

由于传统的大学英语教学只注重知识的灌输，忽视了学生主体作用的发挥和能力的培养，因而越来越无法适应新形势下高素质复合型人才培养的要求。教师不应该只是简单地把科学知识传授给学生，而应当引导学生去发现知识，并独立地掌握知识。如果学生不学会探索、独立思考，就不可能把知识转化为能力。教师使用翻转课堂的教学模式，可以在课堂上充分调动学生的主动性和积极性，并发挥他们在学习中的主体作用。

（一）充分发挥学生的主体作用

主体性是人的本质属性，是现代人素质的重要特征。学生作为教学活动的主体作用主要体现在：学生是受教育的主体，一切教育活动都要服务和服从于主体，调动他们能动地发挥自己的潜能；同时，作为教学活动的中心，学生是内因，教师、教材、教学手段和方法都应服务于学生的"学"。教师应科学地引导学生积极地参与到教学活动中，扮演教学活动的主角，而不是把学生看成被动接受知识的对象。教师在引导学生学习的同时，必须充分调动和发挥学生的主观能动性。学习效果如何，在很大程度上取决于学生。

1. 构建平等、和谐的师生关系

传统英语教学中的师生关系，实际上是一种不平等的关系。教师是教学的主体，他们根据自己的设计思路开展教学，并对学生学习做出权威的评价。这种"不平等"的师生关系，遏制了学生的语言学习欲望，严重阻碍了他们的创新思维和学习主动性的发挥。以学生为主体的教育，强调一种新型平等的师生关系。教

师要走进学生当中，与他们建立互信、平等交流的新型关系，为学生营造宽松和谐的学习氛围，从而真正体现教学相长的思想。教师应抛弃传统教育观念赋予自己的权威，正确看待学生提出的观点，以理解的眼光看待学生审视问题的角度，真正建立起平等的双向沟通交流的桥梁，从而最大限度地发挥学生的主体作用，挖掘他们的潜在能力，获得最佳教学效果。

2. 正确引导学生充分认识自己在学习中的作用

建构主义学习理论认为，知识不是通过教师传授得到的，而是学生在一定的情境，即社会文化背景下借助其他人（包括教师和学习伙伴）的帮助，利用必要的学习资料，通过意义建构的方式获得的。它提倡建立教师指导下以学生为中心的学习，既强调学生的认知主体作用，又不忽视教师的主导作用。教师是意义建构的协调者和帮助者，而不是知识的灌输者。学生是信息加工的主体，是意义的主动建构者，而不是外部刺激的被动接受者和被灌输的对象。要引导学生认识到自己是学习的主体，学习主要靠自己，教材只是为自己提供了一个知识的原型，教师只是自己通向知识宝库的引导者，只有通过自己的努力才能真正理解知识内涵，发现事物的本质，提高自己的能力。

3. 积极挖掘和培养学生的内部学习动机

学生学习动机是促进学生学习兴趣形成的前提条件。一个有强烈学习动机的人，才可能有强大的学习动力，也才可能主动地投入学习中去。学习动机包括4种类型：一是外部动机：学习目的是获得某种物质奖励；二是社会动机：学习目的是让身边某些人物（如父母、教师）高兴；三是成就动机：学习目的是体现自身的优越性，获得某种价值感；四是内部动机：学习目的是学习过程能满足自己情感或智力的需要。

随着第一种动机发展过渡到第四种动机，学生的学习目的逐渐由外向内转移，逐渐由关心学习结果向关心学习过程转移。因此，善于培养学生自我激励学习动机，促使学生积极主动地投入学习过程，并从中获得乐趣，这对充分发挥学生学习主体性、全面提高大学英语教学效果具有很重要的意义。

4. 充分调动学生自主学习的主动性

学生学习的主动性,包括学习的自觉性、趣味性和思维的积极性。具体来说,学习自觉性包括学生能自觉地确立学习目标,制订学习计划,总结学习方法和解题技巧,整理教材知识,建立认知结构,发现和解决问题。学习的趣味性是指学生能从学习知识、解决问题的过程中获得满足感,并沉浸于知识的学习和问题的解决之中。思维的积极性是指学生能够以兴奋活跃的思维状态来面对英语语言知识和技能,在加强基础知识和基本训练的同时,使基础知识转移为语言技能,并发展成为运用英语进行交际的能力。

5. 全面培养和激发学生的学习兴趣

兴趣是学习的动力,学习英语的兴趣越浓,学习的积极性就越高,学习的效果就越好,如能把兴趣培养成为学生学习英语的一种心理需求,就可以使学生养成自觉、主动学习英语的习惯。课堂教学是教师激发学生学习兴趣、提高学生参与行为的重要场所之一。在教学上教师应尽量满足学生的需求,并使课堂显得生动活泼、有吸引力,做到在传授知识的同时又注重学生能力的培养。这样,就能最大限度地激发学生学习英语的兴趣,使学生逐步改善学习态度和学习方法,继而产生强烈的课堂参与和互动愿望。这会极大地促进教学活动的开展和教学质量的提高,使"教"与"学"真正进入良性循环。

为此,教师在设计和开展课堂教学时,要做到以下三点。首先,要为学生创设最佳的学习状态。影响学习的两个核心因素是状态和策略。"状态"是指创造学习的适当的精神状态;"策略"代表授课风格和方式。而传统的以教师为中心的教学模式,却忽视了确立学生学习的"状态"。学习之"门"必须打开,否则实质性的学习无法发生。学生在英语课上的感受直接影响他们学习英语的积极性。平淡无奇、呆板乏味、一成不变的教学方法,会压抑学生的学习兴趣。课堂以教师为中心,学生处于被动的地位,难以进入学习之"门"。相反,愉快的课堂气氛、轻松的学习心态、有趣的语言环境和积极的自我参与意识,能促进学生最大限度地获取语言信息量。其次,要创造仿真环境,使学生置身于地道语言学习情境之中。英语语言知识是学生在教师的指导下,在一定的语言情境中不断训练而掌握的。学习环境中的情境,必须有利于学生对所学内容进行意义建构,教师的教学计划要考虑创设有利于学生建构意义的情境,并把情境创设作为教学设计的重要内容之一。最后,要创造条件,激励学生创造性思维的发展。当今信息时代知识更新日益加快,新形势下人才培养的标准不再仅仅是他占有知识的多少,而是更加强烈地呼唤着对能力和创造性思维的培养。

(二)学生主体作用的确立

1. 明确学习目标,激励学生主体意识的不断增强

(1)要明确英语学习的目的

当今是信息时代,英语是信息时代的重要载体。对于中国人来说,学会英语就等于打开了世界之窗,使自己与世界联系得更为密切。学生只有把英语学习的目的与自己生活的目标联系起来,才能把英语学习真正作为自己生活的一个组成部分,也才能真正增强自己的主体意识。

(2)要正确认识自己在学习中的作用

学习是获取知识的过程。知识不是单纯通过教师传授得到的,而是学生在一定的情境下,借助教师和学习伙伴的帮助,利用必要的学习资料,通过意义建构的方式获得的,也就是我们常说的:"English can not be taught. It must be learned."学生必须认识到:只有通过自己的努力,方可获得良好的学习效果。

(3)要善于自我激励学习动机

英语学习动机对学习兴趣的形成起着积极的促进作用,它是促进学生学习兴趣形成的基本条件。一个有强烈学习动机的人,才可以有强大的学习动力,也才能主动地投入英语学习中去。

（4）要善于自我调动学习的主动性

学生要自觉地确立学习目标，制订学习计划，总结学习方法。从学习知识、解决问题的过程中获得某种满足感，并以兴奋活跃的思维状态去面对英语语言知识和技能，在加强基础知识和基本训练的同时，使基础知识转移为语言技能，并发展成运用英语进行交际的能力。

2. 以教师正确的教学理念促进学生主体地位的体现

要充分发挥学生的主动性和积极性，确立学生的主体地位，教师应做到以下2点。

（1）更新教学观念

首先，要具有新的人才观。21世纪将是高科技、高竞争的时代，对外语人才的要求显然与过去不同。传授英语基础知识是教学过程中不可缺少的重要环节之一，但更重要的是发展学生的能力，以适应时代的要求。其次，要认识教师角色的转变。以往的英语课堂教学，教师多数扮演的是一种家长式的角色，而现在要求教师在教学方法方面做出最重要的改变是"走出演讲的角色"，所有优秀的教师都是学习过程中的激励者、促进者、辅助者和协调者。

（2）确立"为学而教"的指导思想

要充分发挥教师在课堂教学中的主导作用，教师要把以"教"为重心逐渐转移到以"学"为重心，把以"研究教法"为重心逐渐转移到以"研究学法"为重心，并做好"教"与"学"的最佳结合。以"学"为重心，其基本精神就是使学生爱学习、学会学习，养成良好的学习习惯。叶圣陶先生说："教是为了不需要教。"面对21世纪对人才的需求，"授人以渔"已成为师者的最高教育境界。

（三）学生主体作用的发挥

1. 注重语言交际功能

英语教学的实质是交际，是师生之间、学生之间的交际。英语教学就是通过这些交际活动，使学生形成运用英语的能力。在交际过程中，师生双方的认识活动也是相互作用的。学生认识英语的进展，离不开教师对教学规律的认识；教师对教学规律的认识，也离不开学生在教师指导下学习的客观效应。教学就是为了促进这种交流。

2. 激励创新思维发展

在英语课堂教学中，为了充分发挥学生的主体作用，就要特别注重学生思维能力的训练。

（1）精心设计课堂提问

课堂提问是一种最直接的师生双边活动。教师在着重培养学生思维能力的前提下，注重课堂提问的艺术、质量和效果，所提问题做到有利于促进学生认知能力的发展，而非纯知识性，有利于建立学生的思维模型，有利于培养学生的发散性思维。

（2）注重创新能力培养

在新编英语教材中，有些课文以对话形式出现，教师要求学生以短文形式进行改写，有些课文可以要求学生改编为对话形式，有些课文可以要求学生进行课文续写或对故事结果进行想象和辩论，以训练学生的创造性思维能力。

第六章 高校英语阅读、听力与口语教学

第一节 英语阅读教学

一、英语阅读教学综述

语言教学始于中世纪末的英国,但是外语教学的真正开始应该从18世纪算起,所采用的方法是语法翻译教学法。因此,阅读教学一直伴随着外语教学的始终。语法翻译教学法以书面语为教学材料,主要通过词汇的学习、语法的掌握、句子结构的分析以及翻译活动来培养学生的阅读能力,这对后来的英语教学产生了深远的影响。在语法翻译教学法之后又出现了直接教学法和听说教学法,但是这两种教学方法主要强调口语能力的培养,并没有给阅读教学带来实质性的变化。因此,在20世纪60年代中期以前,指导外语阅读教学的理论主要来源于传统的语文教学。这种理论认为:通常外语阅读在弄懂词汇的基础上就自然达到了理解的目的。理解取决于词汇,词汇不懂也就谈不上理解。根据这种词汇是理解的基础的理论,阅读教学的重点也相应地变成扩大学生的词汇知识。这种理论片面强调词汇在阅读理解中的作用,忽视了阅读过程中其他因素的作用,从而使读者拘泥于词句的理解,被动地参与阅读教学。

20世纪70年代,交际教学法的出现为阅读教学带来了很大的变化。教学材料不再局限于一些经典名篇,而是更加强调材料的多样性、真实性和实用性。交际教学法认为,英语教学的目的在于培养学生的交际能力。因此,阅读教学应该使用人们日常生活中的阅读材料,如报刊文章、火车时刻表、广告、电影院海报

等。阅读教学也开始以阅读过程研究以及语篇分析等相关领域的成果为指导，强调学习者应主动参与教学过程。

将认知理论系统地应用于阅读理论的研究中，为读者提供一种获得某种含义的途径。读者最终能否理解，首先取决于读者的认知结构。所谓认知结构指的是读者的背景知识状况，也就是读者对文本所涉及的知识的了解程度。读者不具备相关的背景知识，就无法读懂文本。背景知识不够充分，就会造成理解上的困难，而背景知识同输入信息的错误结合会导致误解。改善读者的背景知识就能改善读者的理解能力，背景知识与语言知识同等重要，两者相辅相成，是阅读过程中密切相关、不可分割的两个方面。自此之后，阅读理论的研究不断深入，并开始重视阅读的心理机制，以及受这种心理机制影响的信息传递和信息处理过程，并通过对阅读行为的分析展示阅读能力的构成成分。研究结果显示，阅读过程并不是简单的信息传递和读者被动接收信息的过程，而是读者不停地对视觉信息进行解码、加工和处理的过程，涉及读者的预测机制、认知能力和语篇分析能力。理论研究者提出了各种阅读模式，用来解释阅读过程，如自下而上模式、自上而下模式、交互模式和图式理论等，这些阅读模式为阅读策略研究以及阅读教学提供了坚实的理论基础。

经过长期的研究与教学实践，人们对阅读教学达成以下的共识：阅读是一个发生在读者和文本之间的交互过程；阅读是一个有目的的活动，人们为了获取信息、娱乐消遣等不同的目的而阅读，阅读的目的决定读者对阅读材料的选择。人们在阅读中需要利用各种知识、技能和策略，主要包括：语言能力，辨认书写系统的各个构成要素的能力，包括词汇和语法知识；语篇能力，关于语篇标记词以及它们把语篇的不同部分联合起来构成连贯语篇的知识；社会语言学能力，关于不同文本的结构和内容的知识；策略能力和利用各种阅读策略理解文本的能力；阅读教学要给学生提供不同文体的真实语言材料，并通过阅读实践获得阅读所需的知识、技能与策略；阅读教学要与知识的摄取相结合。

二、英语阅读教学的理论基础

阅读是通过人的视觉感官从书面语言材料中获取知识信息的过程，其目的是有效、正确、快速地理解所读的材料。从心理语言学的角度来看，阅读是由发送者向接收者传递信息的一种交际行为。这里所说的发送者是指作者及所形成的书面语言材料，而接收者则指阅读这些材料的读者。从大脑活动和语言学习的关系来看，是读者用于处理文字信号和获取新知识的一种工具。阅读从识别单词、领悟句意到理解篇章、摄取知识，实际上就是一种提出问题、解决问题的排疑解难的心理思维过程。因此，阅读教学的理论基础涉及语篇的结构、阅读的心理过程以及由此而得出的影响阅读的各种因素。

（一）语篇分析

篇章语言学是20世纪60年代才发展起来的一门语言研究分支。语篇分析是指对比句子更大的语言单位所做的语言分析，目的在于解释人们如何构造和理解各种连贯的语篇。

1. 衔接

衔接是语篇特征的重要内容，指通过语法和词汇手段把语篇中的句子或较大语段的意义紧密联系的现象。英语语篇中主要的衔接手段包括参照、替代、省略、连接和词汇照应。

（1）参照

有些语言单位本身不能作出语义解释，需要参照另外的一些单位才能明确它们的意义，这些单位之间就构成参照的关系。从所使用的语言手段来看，参照包括人称、指示和比较三种方式。从语言和非语言因素去分析，参照包括情景参照和语境参照两种。用语言内部的信息可以解释其含义的是语境参照。必须依靠话语所处的客观环境去解释的叫情景参照。

（2）替代和省略

一个单位代替另一个单位，就构成替代关系。有些单位被省略，就出现省略关系。替代和省略除了加强语言的结构联系外，还可以使语言富有变化，不枯燥，简洁活泼。

（3）连接

连接成分的衔接作用是间接的，它本身不能直接影响上一句或者下一句的结构，但是它的具体意义表明必须有其他句子的存在。连接成分表达的是语义上的关系，而不是语法关系。

（4）词汇照应

词汇照应是指通过词汇的选择而产生的照应关系。词汇照应手段主要有重申和搭配两种。重申有重复、同义词或近义词、上下义词、概括词等四种形式。

2. 连贯

连贯指的是语篇中的语义关联，连贯存在于语篇的底层，通过逻辑推理来达到语义的连接，是一个把语篇联系起来的无形网络。一个语篇往往有一个主题，其中的所有内容都是围绕这一主题展开的，从而通过语义的关联构成一个连贯的语篇。

3. 语篇的结构

由于语篇的交际功能、语篇的主题和内容、文章的体裁、作者的风格等方面的差异，语篇的结构也多种多样，但是，同一类型的语篇也会呈现基本相同的结构。较大的语篇通常都有开头、中间、结尾等部分。例如，故事的开头往往对时间、地点、人物等做出交代，中间部分主要描述故事的发展，结尾部分一般要描述人物和事件的结局或者给人的启示。议论性的语篇开头一般提出问题，说明该文要议论的主题，中间部分则对开头所提出的问题进行分析，对论点加以论证，结尾部分则提出解决问题的办法或者得出结论。书信的开头是称呼，中间是正文，结尾则是结束语和落款。在一个语篇的内部，所有的句子都是以线性的方式依次排列起来的，但是句子之间都通过不同的关系结构连接起来。这些关系结构主要包括顺序、层次、连环和平衡。

（二）语篇理解的模式

1. 自下而上模式

自下而上模式是一种传统的阅读理解理论，它起源于 19 世纪中期，采用信息加工的理论来阐述阅读的过程，是一种文本驱动型的模式，即从看到的书写文字符号到理解文字意义的整个过程，从低级的小单位字母加工发展到高级的词、句子乃至语义的加工过程。这个模式认为，阅读是从字词的解码开始直到获取文本的意义，即阅读过程是一个从左向右对字母、词、句子、语篇的有组织的、有层次性的自下而上的理解过程。根据这个模式，理解一个语篇，读者必须首先具备一些低级或简单的语言知识。由此可见，自下而上模式强调的是语篇本身的作用，阅读过程中遇到的问题就是语言问题，学生理解的失败主要是由于缺乏足够的语言知识；受自下而上阅读模式的影响，传统的阅读教学主要按照词、句子，然后再到语篇的次序，按照由低到高、由简到繁的线性信息处理过程进行。教师的主要任务就是帮助学生解决语言知识的问题。

自下而上的模式说明了信息加工中的线性模式对阅读研究的影响，但没能说明阅读过程中各种信息之间的相互作用，只是局限在字、词、句这样的线性理解层面上，忽视了读者可能会从语篇以外的其他地方，如读者已有的知识中提取有关信息并对它进行加工这一情况，虽然语篇是以层次结构的形式把信息呈现给读者的，但读者可以直接在任何水平上提取并对已有的知识进行加工，以补充或者预测来自文章的信息流。字母在词中出现要比单独出现更容易察觉，词在有意义的句子或语篇中出现要比单独出现时更容易识别，不管句子的句法如何复杂，深层语义关系贯通一致的句子要比语义关系混乱的句子容易整合。它把低层次过程与高层次过程截然分开，没有意识到读者可能带进阅读过程中的高层次知识的作用。

2. 自上而下模式

肯尼思·古德曼（Kemeth Goodman）提出了著名的"阅读是一种心理语言学上

的猜字游戏"的理论,认为读者利用已有的句法和语义知识来减少他们对语篇中书面符号与语音符号的依赖,并具体划分出阅读的四个过程:预测、抽样、验证和修正。首先,读者预测语篇中的语法结构,运用他们的语言知识和语义概念,从语篇结构中获取意义,因此,语篇必须含有意义并且使用功能健全的语言表达。其次,读者从书面符号中抽样以证实他们试探性的预测。读者在阅读时不断地从三种可利用的信息中抽样:字形读音、语法和语义。字形读音信息取自书面符号,语法和语义信息则要靠读者的语言能力。在抽样的过程中,读者不必看清每一个字母与单词。换言之,读者只选择读物中能证实他的预测的线索。读者的句法、语义知识层次越高,他们抽样的选择性便越强。抽样后如果预测的意义被证实,读者将对随之而来的内容进行新的猜测,如果他提取的样品不产生意义,或者预测的书写符号输入没有出现,则需要从读物中提取更多的信息,以修正错误的预测。

所谓概念能力是指读者能否将阅读时输入的零碎信息迅速汇集成概念的能力;所谓背景知识是指读者的常识和有关某一领域或话题的知识;而处理策略指的是阅读能力的各方面,既包括句法、语义及篇章结构的知识,也包括各种阅读技能如"略读"和"查读"等。在阅读中,三者相互作用,让逻辑思维能力和背景知识来赋予文字以意义。自上而下模式认为读者不是被动地接收文字信息,而是依靠读者本身因素主动地理解读物,因此,自上而下模式是一种读者驱动型的阅读模式。

自上而下的模式有很多不同的变化,总体而言,它们的特点可以归纳为以下几点:认为阅读是一种主动在读物中寻找意义的思考过程;强调读者已掌握的知识与技能在理解中的作用;认为阅读是有目的性与选择性的,读者只专注于为实现他们的目的而必不可少的方面;认为阅读有预见性,已掌握知识与对理解的期望以及阅读目的之间相互作用,使读者能预见读物的内容。

3. 互动模式

20世纪80年代中期，鲁梅尔哈特（Rumelhart）对认知模式提出质疑，认为认知论者在强调背景知识上走向了极端。他提出了阅读的互动模式，认为阅读是同时运用各个层次的信息加工来重构信息的过程，不仅是一个运用背景知识而且也是一个运用语言知识、辨认语言形式的双向过程。互动模式包括各种各样的理论，其中图式理论是影响最大也是最著名的一种。心理学家巴特莱特（Bartlett）在1932年最先提出图式理论。就其理论来源来看，现代图式理论与格式塔心理学有密切的联系。图式理论曾经为认知心理学的发展提供了广阔的视角，但被随后兴起的行为主义所掩盖。到了20世纪70年代，图式理论又引起了人工智能研究者的极大兴趣。在20世纪70年代后期，图式理论被广泛地用于阅读理论的研究中。图式是人们对于物体、事件或者情形等一般性概念的抽象表征。例如，我们每个人对house的概念都有一个抽象的表征，这一表征可以因为人们加上不同的修饰词，如enormous或者squalid而发生变化。另外，个人的不同经历以及文化的差异也会造成人们对于同一概念的抽象表征的不同。当图式代表一种情形时，人的大脑中与此情形有关的一系列事件或者事件的系列顺序。桑克（Schank）和阿伯尔森（Abelson）把这种现象称为"剧本"。例如，"就餐"这一情形的一般剧本包括：预订座位、乘车、到达餐馆、就座、点菜、就餐、结账、离开等。

图式理论认为"阅读图式"可以分为语言图式、内容图式和形式图式三种。语言图式是读者掌握的语言知识以及运用语言的能力，指读者已有的语言知识，即语音、词汇和语法等方面的知识。内容图式指读者对语篇内容的熟悉程度，即狭义的背景知识。它由两个方面的内容构成关于某种文化或亚文化的生活方式、社会制度等方面的知识。一般来说，读者的背景知识越丰富，就能将越多的注意力集中在高级阶段的信息处理和提出假设上，从而更好地理解文章。充足的背景知识甚至可以对较低的语言水平产生一种补偿效应，也就是说，背景知识可以在一定程度上弥补语言水平的不足，以保证顺利阅读文章。形式图式指读者对语篇结构的熟悉程度，即我们通常所说的语篇知识。有研究表明，以时间顺序为结构的叙述文和单向性结构的描述文比其他结构顺序的课文更容易记忆。这说明对文章结构的了解确实能增加读者对文章内容的吸收。还有人发现从一般到具体结构的论说文比具体到一般结构的论说文更易于理解。

在认知过程中，图式的主要作用用来说明人的理解过程。人的理解过程实质上是一种释义过程。"释义"时需要个体已有的图式中相关知识的参与，通过分析、推理、对照、综合等心理过程，来运用和贯通知识，从而解决问题。具体到阅读活动来说，图式理论认为，阅读对象即文章本身不具有任何意义。意义蕴藏在读者的脑海里，取决于读者阅读过程中对大脑中相关的图式知识的启动情况。我们说一个读者读了一篇文章，说明读者具备与该文章相关的图式，并且这个图式提供了与该文章的各个方面一致的解释说明。阅读理解就是选择和激发能够说明输入信息的图式与变量约束的过程，就是说，阅读理解首先是输入一定的信息，然后在记忆中寻找能够说明这些信息的图式，当找到足以说明这些信息的图式或者是将某些图式具体化以后，就产生了理解。在理解过程中，加工的层次是循环递进的，随着阅读行为的不断进行，更高层次的图式被激活，理解的循环就走向更高的水平，产生对句子的理解以及对语段与篇章的理解。

（三）阅读速度与理解率

阅读教学的目的首先在于培养学生的阅读能力，而衡量阅读能力的基本标准包括阅读速度和理解的准确率。以英语作为本族语的读者通常根据阅读目的、阅读材料的难度以及自己所熟悉的背景知识，以三种速度进行阅读。第一种速度为学习速度，这是用来阅读教科书和法律文件等材料的慢速阅读。用这种速度阅读时，要求达到的理解率为 80 % ~ 90 %。第二种速度为中等速度，这是受过教育的本族语读者用来阅读报纸、杂志、小说及故事等日常材料所用的速度。用这种速度阅读时，对理解的要求相应降低。第三种速度为扫读速度，这是本族语读者快速浏览所读材料，对理解不做要求时所用的最快速度，用这种速度阅读时，需要降低对于理解的要求。

从个人母语的阅读情况来看,阅读速度和理解率之间呈现一种负相关的关系,也就是说,速度越快,理解率就越低;但是在英语教学中,由于阅读目的的不同,而且学生的阅读速度也不会像本族语人的阅读那样,速度呈现如此大的变化,阅读速度与理解率之间的关系则不尽如此。相关研究表明,阅读理解率在一定范围内并不受阅读速度的限制。换言之,并不是阅读速度越慢阅读理解率就越高。其实,对于英语学习者来说,阅读速度和理解率之间存在着相互促进的关系,加深理解可以加快速度,而且加快速度也能加深理解。

回视也称回跳,是对于已经看过的内容感觉不放心,再度倒回来阅读的现象。总的来说,回视不能完全避免。即使阅读能力强的人,有时也会倒回来看。一方面,回视是读者的阅读水平所造成的,阅读水平越高,回视的次数也就越少;另一方面,某些回视是由于缺乏自信,担心漏看的患得患失的心理所致。

从是否出声的角度来看,阅读可以分为朗读和默读两种:朗读的时候需要出声,但是有时候在默读时,读者虽未发出声音而嘴唇翕动,亦称唇读。另外,在无声音化阅读中,有的读者虽然没有发出声音,嘴唇也没动,但却在心里念着。不管哪种方式,发音器官都处于紧张的工作状态。心理学研究表明,这两种阅读的读速很难突破讲话速度。对中国英语学习者来说,声读或无声音化很可能是早期学习中,以音读为中心的学习法和精读中养成的阅读习惯对正常外语阅读产生的负迁移现象。这种习惯不仅影响阅读速度,而且由于它过分依赖语言本身而不是语义,也影响阅读理解的广度与深度。

三、英语阅读教学存在的问题

(一)教学观念不正确

许多教师对阅读教学在英语教学中的作用存在不正确的认识,主要表现在以下2个方面。

1.将阅读教学等同于词汇教学、语法教学

传统的英语阅读教学理论认为，词汇、语法和语言知识是阅读教学的重点。因此，许多教师过分重视语言知识的传授，并把大部分课堂时间用于阅读材料的细节性解释上，常常抓住一个单词、语法点大讲特讲，使阅读教学呈现"讲解生词—句逐段分析—对答案"的定式。

2.将阅读速度等同于阅读能力

有些教师认为，阅读速度加快就意味着阅读能力的提高，并据此来开展教学活动。事实上，阅读速度与阅读能力并没有必然联系。因此，教师应根据阅读材料的题材、要求、目的来灵活掌握阅读速度。

（二）教学方法落后

英语阅读教学方法的落后体现在，教师在课堂上只注重生词句型以及语法等知识讲解，不说要与学生互动及实际运用。这种教学方法的应试性比较强，学生的主体地位不突出，无法激发出学生的学习兴趣，阅读习惯、阅读技巧等均得不到培养，学生很难积极主动地参与到课堂教学活动中来，不少学生听课时心不在焉甚至打瞌睡，费时、低效现象严重。因此，教师除对文章重要信息进行必要的解释外，重点应启发学生在阅读中进行积极的思维活动，并培养学生在词汇猜测、结构梳理、内容预测等方面的能力。

（三）学生阅读习惯欠佳

高质量的阅读离不开良好的阅读习惯，而不良的阅读习惯对阅读理解会产生不容忽视的阻碍作用，更影响着思维的连贯性以及理解能力。因此，教师应指出并帮助学生克服自身的毛病，培养正确的阅读习惯，以帮助学生提高阅读效率。

四、英语阅读教学的原则

（一）因材施教原则

学生个体在很多方面都存在一定的差异，学生的个体差异直接影响了学生的阅读进程。因此，教师应根据不同水平学生的特殊需要，因材施教，尽可能使每个学生都能相应地发展阅读技能。对于一些阅读成绩不佳，甚至自暴自弃的学生，教师可以先给他们提供一些简单的阅读材料，并逐渐加大难度，让这部分学生看到自己的进步，并多表扬他们，以增加学生学习的兴趣和信心。而对于一些基础好的学生，仅仅靠课堂上的阅读是满足不了他们的阅读欲望的，教师应向他们布置一些富有挑战性的阅读任务，如介绍和推荐一些通俗的世界名著等读物，以满足他们的阅读欲望。

（二）真实性原则

阅读教学的真实性主要指2个方面的内容：阅读材料的真实性和阅读目的的真实性。

1. 阅读材料的真实性

阅读材料要尽量选取本族语者编写的材料。同时，阅读材料的选择要考虑学生在日常生活中的交际需要，从现实生活中选择文体多样、适合学生的语言水平、能吸引学生兴趣的阅读材料。

2. 阅读目的的真实性

任何阅读活动都具有一定的目的，但不论是出于何种目的，都要以真实性为基础。人们阅读可能是为了获取信息或者验证自己已有的知识，可能是为了批评作者的思想或者写作的风格，也可能单纯为了消遣或者打发时间。不同的阅读目的就要求采取不同的阅读方法。

（三）调节速度原则

阅读速度和理解能力因人而异。有的学生阅读速度快，理解能力却比较差；有的学生阅读速度慢，但理解能力强。因此，阅读速度的快慢和理解能力的好坏并没有直接的关系。

调节速度原则的出发点就是要求教师在阅读教学过程中做到张弛有度，根据不同阶段的教学目标做相应的调整，避免因一味地追求提高速度，而忽略了学生对阅读材料的理解程度。

（四）培养兴趣原则

学生对阅读是否有浓厚的兴趣直接影响阅读教学的成效。学生对阅读产生了兴趣，便会积极主动地投入阅读的学习当中。

（五）精读与泛读相结合原则

阅读教学大致可分为三种：精读、泛读和快读。精读比较注重阅读的准确性，具有高质量的特点，精读有助于学生巩固与扩展词汇，提高分析性阅读的能力。泛读则注重阅读的流利程度，增加阅读量，泛读有助于增强学生的语感，提高综合性阅读的能力。快读侧重培养学生的各种阅读技巧，提高阅读速度，具有高速度的特点。

精读、泛读、快读三者相辅相成，精读是泛读的基础，泛读是快读的基础，而快读可以使泛读更广泛、使精读更深刻。只有将三者结合起来运用于阅读教学中，才能真正提高学生的英语阅读能力。因此，在英语阅读教学中，除了要加强精读和其他各环节教学之外，还要切实抓好泛读和快读教学，对学生进行全面的训练。

第二节　英语听力教学

一、英语听力教学综述

听力是生活中最常见而又最容易被语言教学所忽视的一项技能。在20世纪70年代之前，有关语言教学研究的文献中很少专门探讨听力教学的问题。而随着交际教学法的推广，人们开始意识到听力是人的语言水平的重要方面，听力教学逐渐引起人们的重视。各种形式的考试都把听力作为考查的一个组成部分。从20世纪80年代开始，有关听力教学以及听力技能的研究逐渐增多。

目前，关于听力教学人们基本达成以下共识：听力材料应该包括独白和对话在内的选材广泛的真实的口语语篇；在听之前，应该首先使学生建立相应的图式；听力的策略要融合于听力的材料之中；要给学生几次听一个语篇的机会，使他们逐渐地形成自己的听力技能，并在每次听的时候逐渐加大听力任务的难度；听力活动要有目的性，学习者要清楚自己要获得什么样的信息，为什么要获得这些信息；听力活动或者任务要给学生创造积极参与听的过程的机会。

二、英语听力教学的理论基础

（一）听的心理过程

在听、说、读、写四项技能中，听被称为"接受性技能"，但是这并不意味着听就是一个被动的接受过程，实际上听是一个非常主动的、积极的信息处理过程。心理语言学的研究表明，听的过程与人的记忆具有密切的关系，外部信息经过感觉器官时，按输入的原样，保持一个极短的时间，这就是感知记忆。感知记忆又被称为映象记忆或瞬时记忆，是指外部刺激以极短的时间一次呈现后，一定数量的信息在感觉通道内被迅速登记并保留一瞬间的记忆。感知记忆是信息加工的第一阶段。短时记忆又称工作记忆，是指信息一次呈现后，保持时间在一秒钟之内的记忆。短时记忆与感知记忆不同，感知记忆中的信息不被意识，而且是未被加工的，而短时记忆是操作性的、正在工作的、活动着的记忆。人们短时记忆某事物，是为了对该事物进行某种加工，加工后即被遗忘。如果有长期保持的必要，就须在这一系统中进行加工编码，然后才能被储存到长时记忆中。短时记忆中的信息既有来自感知记忆的，也有来自长时记忆的。因为当人们需要某些知识、规则时，便从长时记忆中提取，提取出的信息只有回溯到短时记忆，才能被意识到和备用。米勒（Miller）从信息加工的观点出发，认为倘若人在主观上对材料加以组织、再编码，记忆的容量还可以扩大。他提出了组块的概念。所谓组块是指将若干较小的单位联合成熟悉的、较大的单位的信息加工。他认为短时记忆容量不是以信息论中所采用的比特为单位，而是以组块为单位。一个块可以是一个数字、一个字母，也可以是一个单词、词组，还可以是一个短语。

长时记忆是指学习的材料，经过复习或复述之后，在头脑中长久保持的记忆。长时记忆是一个真正的信息库，记忆的容量似乎是无限的，它可以储存一个人关于世界的一切知识，并为他所有的活动提供必要的知识基础。信息由短时记忆转入长时记忆，需要对有关的信息进行组织加工。所谓组织加工就是将材料加以整合，把新的材料纳入已有的知识结构框架之中或者把材料作为合并单元而组合为某个新的知识框架。信息由短时记忆转入长时记忆时是如何被加工的，采用什么样的形式编码，在很大程度上依赖于材料本身的性质以及个人的个性特点。就语言材料而言，更多的是采用语义编码。

从系统论的观点来看，感知记忆、短时记忆和长时记忆是一个统一记忆系统中的三个不同的信息加工阶段，它们之间不是彼此孤立的，而是相互影响、相互作用又相互联系的。

根据记忆的三个阶段，听的心理过程也包含三个主要的阶段。在第一阶段，声音通过人的感觉器官进入感知记忆之中，并利用听话者已有的语言知识把这些信息转化为有意义的单位；信息在感知记忆中存储的时间很短，听者只有很少的时间对这些意义单位进行整理。在听母语时，这一过程一般都能顺利完成，而在听外语的过程中，当听者设法将连续的语流组织成有意义的单位时，很可能会出现问题。有时听者还可能在处理完现有信息之前，新的信息又会不断地涌入，从而导致听力理解的困难。在第二阶段，信息处理是在短时记忆中完成的，也是一个非常短暂的过程，不超过几秒钟。在这一阶段，听者会把所听到的词或词的组合与储存在长期记忆中的语言知识进行比较，把记忆中的信息进行重组、编码后，形成有意义的命题。听者要对连续性的语流进行切分，切分的主要线索是意义。意义体现在句法、语音、语义三个层面上。在获取意义之后，听者一般会忘掉具体的词汇。在这一阶段，处理速度是至关重要的。已有的信息必须在新的信息到来之前处理完成，这对于英语学习者来说，很容易造成处理系统的信息超载，一个初级的英语学习者往往会因为处理速度不够快而无法从信息中获取意义。随着学习者听力训练的不断增加以及语言知识的积累，对于一些经常听到的信息的处理会成为一种自动化的过程，从而留出更多的空间来处理难度较大或者不太熟悉的信息。在第三阶段，听者会把所获取的意义转移到长时记忆之中，并与已知信息相联系，确定命题的意义，当新输入的信息与已知信息相匹配时就产生理解。在这一阶段，当形成的命题与长时记忆中的已知信息相联系时，大脑便通过积极的思维活动去分析、合成、归纳，使其成为连贯的语言材料，从而实现意义的重构。

（二）影响听力的因素

由上述听的心理过程我们可以看出，影响听力的因素是多方面的，概括起来主要包括3种：语言本身的因素、语言背景知识、分析综合能力。

1. 语言本身的因素

语言本身的因素包括语音、词汇、句法等三个方面。听的过程首先是听者对于所听到的语音、词汇、句法的感知、识别与理解的过程，因此，听者对语言基础知识掌握的好坏直接影响着他们听力水平的高低。

首先，扎实的语音知识是听力理解的基础。在英语中，有些语音对于中国学生来说是比较陌生而且是难以区分的，尤其是某些元音。在某些辅音簇中的某个辅音也往往会被省略或同化掉。当然，口语的理解并不完全依赖于对于相似语音的区分，在许多情况下，上下文的意义可以提供足够的信息帮助听者辨别语音。其次，在英语中，重音和语调也是非常重要的。语言的节奏在很大程度上是通过重读音节的变化来实现的。重读的目的在于表达主要信息的词汇，重读单词的改变往往可以在句子中单词没有任何改变的情况下，导致整个句子意义的变化。

2. 语言背景知识

语言背景知识对于听者正确地获取信息也是极为重要的。根据图式理论，听的过程就是听者利用大脑中储存的文化背景知识对新的信息进行加工整理的过程。听者需要对所获得信息进行分析、选择、整理，从而获取新的知识。在听的过程中，听者会根据这一图式以及所听到的内容对先前的预测进行验证并补充其中的部分细节。在所听到的内容中，有许多信息是听者已经掌握的，加工整理的重点在于那些未知的新的信息。新的信息越多，处理的负担越重。也就是说，听者已知的信息越多，听起来的难度就越小。对于一个完全陌生的领域的听力材料，听者的困难是很大的。

3. 分析综合能力

分析综合能力主要体现在听的过程中对语篇的理解方面。G.Brown指出，对语篇的理解涉及许多因素，在听力理解过程中，随着语篇的展开，听者需要根据语篇上下文并运用积极的认知策略来理解语篇所表达的意义。语篇是由一系列句子构成的，但句子的意义有时要受到语篇宏观结构的制约，对单个句子的理解并不能说明听话者已经理解了整个语篇。

听是一种接受性的语言技能，在听力训练的过程中，听者无法控制所听到的材料的难度、速度、语调和节奏。这些客观因素有可能会对听者造成一定的心理压力。而且，在听力课上，学生的心理活动容易处于一种抑制的状态，思维变得迟钝，不容易发挥学生的主动性和积极性，课堂气氛也比较沉闷。另外，一些学生遇到听不懂的单词和句子就变得过分焦虑，这会降低信息加工的有效性，加大听力活动的难度。

三、英语听力课堂教学

听力教学的目标是使学生能够恰当、灵活地使用各种听力技巧，最大限度地提高听力理解的能力。但是在真正的听的实践中，可能遇到各种困难。即便学生还不能够完全掌握所学的语法现象和大量的词汇，教师也期望学生能够应对真实的交际环境。这就意味着学生要能够尽可能多地理解所听到的语音，分辨出相关的信息，了解主要内容而非逐字逐句地理解。多听可以得到更多的语音输入，而语音输入是语言习得的基础，是交际互动的必要条件之一。教师要培养学生根据不同的语境、输入的信息和目的来调整听的行为，帮助学生建立系统的听力策略，并使用适当的策略来应对不同的语境。

（一）听力策略的培养

听力策略是加强听力理解和回忆所听内容的技巧或者活动。听力策略可根据处理信息输入的不同方法来分类，主要包括自上而下和自下而上两种方法。自上而下的方法以听者为出发点，听者应了解话题所涉及的背景、上下文内容、文章的类型和语言。这些背景知识将有助于听者预测和阐释所听到的内容。自上而下法所采用的方法包括抓主旨大意、预测、推理、总结等。自下而上法以文章为出发点。自下而上所采用的方法包括听具体细节、辨识单词、了解词序的模式等。另外，熟练掌握听力技巧的听者还能够使用元认知策略来计划、检查和评估他们所听的内容。他们能够确定在特定的语言环境中使用哪种听力策略最为有效，能够检查他们的听力理解是否准确，所选择的技巧是否有效，并且通过是否达到了听力理解的目标，是否在听的过程中选择了有效的听力技巧来评估他们的听力行为。

除上述两种具体的方法之外，听力教学还要注意培养学生的元认知策略，元认知策略具有计划性、监控性、反馈评估性的特点。元认知理论是指一个人所具有的关于自己思维活动和学习活动的知识及实施的控制。它主要包括两大部分内容：对于认知的知识，即个体对认知活动、过程、结果以及其他与认知有关的知识；对认知的调节和监控，即个体在认知活动进行过程中对自己的认知活动积极进行监控调节，以达到预定目标。简单而言，元认知就是认知的认知，是个体对自己的认知加工过程的自我觉察、自我调节和自我评价。根据此理论，听力教学中的元认知策略要求听者在听前根据其特定的语言环境确定所使用的听力策略，在听时监控他们的听力理解是否准确，所选择的技巧是否有效，在听后评估是否达到了听力理解的目标，是否在听的过程中选择了有效的听力技巧。帮助学生建立系统的听力策略体系，并能够灵活地使用恰当的策略来应对不同的语境，最终达到加强听力理解的目的。

（二）英语听力教学的阶段

英语听力教学可以分为三个不同的阶段：听前阶段、听中阶段和听后阶段。听前阶段是指在学生正式开始听之前的一段时间的准备活动。在听前阶段，教师需要确定以下几个问题：所听材料的大体内容和听的目的；是否需要补充一些背景知识或语言知识；采用何种方法进行听力训练，是自上而下的方法还是自下而上的方法。在此阶段教师需要利用各种听前的活动尽可能使学生熟悉题目所涉及的背景知识，预测将要听的内容并确定适当的听力策略，还要使学生了解所要听的主题、课文的类型以及听的目的，听前的活动主要包括：向学生提供背景知识；让学生阅读一些相关的内容；让学生看图画；讨论将要听到的主题；针对将要听到的内容进行问答；介绍听力训练的过程；等等。这些活动目的在于帮助学生激活相关的背景知识、预测将要听到的内容、解决可能碰到的语言问题以及背景知识的问题等，以便使学生尽快进入听的状态。

在选择和设计听前活动时要注意以下几点：听前活动所占用的时间不要太长，否则会造成喧宾夺主的后果。要尽可能有利于使学生感觉到后面的听力活动真实自然，贴近现实生活。要使学生通过这些活动了解听力材料中的交际活动发生的时间、地点、参与的人以及他们之间的关系等各种信息。使学生清楚他们听的步骤。与其他三项技能相互结合，有利于综合提高学生的语言能力。

听中阶段是指学生进行听的一段时间，该阶段的目的在于通过学生听的实践以及各种活动培养学生从听到的内容中获取信息的能力，它是整个听力教学的核心部分。

听后阶段是指学生在完成听的过程之后围绕听力材料进行各种活动的一段时间。有些听后活动是听前与听中活动的延伸，与前面的活动密切相关，还有一部分活动与前面活动的关系则比较松散。

（三）听力考试应对策略

听力理解要求学生具有扎实的语言知识，如语音知识、词汇量、语法知识等。

如果学生注意这几方面能力的培养，又能使用较为得当的学习方法，那么，听力理解能力还是能够较快提高的。

目前，听力练习的基本形式是听广播、听报告、看电影、看录像等。随着科学技术和网络技术的飞速发展和对外交流的增加，大家接触到英语国家人士讲英语的机会越来越多。

参加听力考试，考生还要注意以下3点。

1. 精听与泛听相结合

练习听力，学生首先要学会泛听，即听一遍抓主旨大意或中心意思。完整地听过一遍全文之后，在语篇水平上获得信息；提高理解力，培养抓大意的本领。许多材料还要精听，即在完整地听全文的基础上，反复地去听若干遍，尽量听懂每一个词、短语和句子，掌握内容细节。

2. 抓要点

篇章的听力理解难度最大，所以考生要抓住句子的关键词和文章的要点，不要把注意力过多地停留在个别音、单词或表达法上。考生的思维理解速度要跟上说话人的语速，考生要边听边记，运用逻辑思维方法，充分发挥联想猜测能力，做到听大意、记关键词、抓住主要信息。

3. 掌握听力考试的技巧

拿到试卷后，在开始听正文之前要抓紧时间扫视问题选项，以获取已知信息来预测将听到的信息。

英语听力能力的提高不是一朝一夕的事，而是一个循序渐进的过程、一个艰难而漫长的过程，不能一蹴而就。要多听多练，拓宽渠道，扩大知识面，加强基本功训练。在学习中注意听力技巧的培养和运用，只有掌握了听力技巧，并将其付诸实践，听的能力才会有质的飞跃。

第三节 英语口语教学

一、英语口语教学综述

口语一直被认为是英语教学的重点之一,但是对于口语技能的本质以及教学方法的认识在近三十多年来经历了许多变化。在20世纪70年代以前,听说教学法和情景教学法把句型视为英语教学的核心。在20世纪70年代以后,交际能力概念的提出在教学大纲和教学方法方面带来了很大的变化,这些影响一直延续至今。交际能力的理论带来的交际教学法、交际大纲、功能大纲、意念大纲以及最近的任务型教学方法都对英语教学产生了巨大的影响。在交际教学法的影响下,流利性成为口语教学的主要目标。在培养学生流利性程度的过程中,教学活动可以充分利用信息差。在日常的交际活动中,两个或者多个人进行语言交际时只有部分人知道某方面的信息。因此,在交际性输出的活动中,也包含类似的信息差,只有在学生间或者学生与教师间形成信息差,才有可能展开真正的语言交际,否则课堂活动和练习就会成为机械的人为活动。口语能力要通过让学生参与真正交际活动来获得。交际策略是"当会话者在没有表达意义所需的语言结构时,试图就意义相互达成的协议",它包括造词策略、替代词策略、释义策略、求助策略等,而交际策略和意义的协商被认为是发展口语能力的必备环节。

在交际教学法中,合作式教学法也受到高度的重视。合作式教学法以学生为中心,采用以学生间的交流与合作为基础的教学模式,注重学生实际交际能力的培养。合作式教学法大量采用对话、小组讨论、角色扮演等课堂活动,与交际教学法中的其他方法相比,合作式教学法更加强调学生间的彼此依赖性和责任感,从而使每个学生始终处于积极的参与状态。荣辱与共、彼此依存、团队交际、相互交流活动和定期总结是合作式教学法最显著的特征。由于组内成员固定而且每个成员在活动中常常担负不同的角色或者任务,因此在采用合作式教学模式的课堂上，小组成员之间必须互相依赖，互相帮助，以共同协作的方式完成教师布置的学习任务。合作式教学模式被广泛地应用于课堂教学，尤其是英语教学中。研究表明，合作式教学法能为学生营造一个轻松愉快的学习氛围。不仅可以体现教学的个性化，提高学生的学习兴趣和积极性，而且由于它注重了学生间的交流互动，非常有利于培养学生的语言交际能力。

全球化进程的不断发展使得英语成为一种国际语言，在此背景下，关于交际能力的概念也得到发展，成为跨文化能力，因为人们学习英语已经不仅仅是为了满足与英国人、美国人交往的需要，而且要使用英语和来自更多其他国家、更多文化背景的人进行交流。与此同时，应该更多地借鉴会话分析以及语料库分析的研究成果。

二、英语口语教学的理论基础

（一）口语表达的心理过程

语言产生包括两个主要的阶段：制订计划和执行计划。说话人首先根据交际的目的制订说什么的计划，然后再执行所制订的计划。但是这两个阶段并不是截然分开的，在口语表达的过程中，说话者往往是先制订计划，然后在执行计划的同时制订新的计划。

1. 制订计划

口语表达是一种目的性很强的活动，说话者总是要为了实现一定的交际目的，如获取信息、提出要求、作出指令、保持社会关系等，针对其具体的交际目的，说话者对所要使用的语言手段制订计划。在制订计划的过程中，说话者需要考虑以下因素。

（1）对听话人的了解

说话人需要根据他对听话人的了解以及他与听话人之间的关系确定使用哪一种语体。与关系密切的人讲话和与陌生人讲话所采用的语体具有很大的差异。在谈话的过程中，有时还涉及第三方，怎样称呼第三方，也需要说话人根据他对听话人的了解而确定，如可以把第三方称为"your son""that guy"等。

（2）合作的原则

说话人期望听话人相信他们是遵循合作原则的，即会提供足够的信息，所说的话是真实的、与主题相关的，而且表达是清楚的。有意违反某一条准则，就会有别的说话意图。

（3）现实的原则

说话人期望听话人相信他们所谈到的事实、情况和状态都是可以理解并且合乎常理的。例如，"鳄鱼皮鞋"一定是指"用鳄鱼皮做的鞋子"或者"鳄鱼牌的鞋子"，而不是"给鳄鱼穿的鞋子"。现实的原则还可以帮助听话人听辨具有歧义的句子。

（4）社会语境

听话人在不同的语境中以不同的身份出现，说话人会根据听话人身份的不同使用不同的语体。例如，两个人是好朋友，在单位又是上下级关系，那么他们在工作期间谈话所使用的语体往往要比下班后的谈话正式得多。另外，在不同的社会语境中，说话人也会根据环境的不同，如在家里、在办公室或在学校等，选择不同的语体。

（5）供说话人使用的语言手段

有很多要表达的内容没有现成的说法，这就需要运用各种语言手段和非语言手段等把它们表达出来。另外，不同的交际方式也会影响到语言手段的使用。

2. 执行语言计划

在计划制订之后，语言的产生就进入了执行计划阶段，讲话人会根据前面的计划，通过发音器官发出表示句子和语篇内容的声音。表面看来，执行计划无非就是将语言计划诉诸实施，似乎非常简单。其实不然，语言计划的执行要比我们想象的要复杂得多。因为人们在执行计划前往往不只是把语言计划全部都制订好，另外，计划人还需要根据计划编制一个发音程序，储存在记忆里，让控制发音器官的肌肉按部就班地活动，才能发出预期的声音。

（二）影响说的因素

根据口语产生的心理过程，我们可以看出影响说的因素主要包括心理因素、文化因素、语言因素和背景知识因素4个方面。

1. 心理因素

口语表达是一个非常复杂的心理过程，要想使这一过程顺利高效地完成，需要讲话者处于轻松的、精力集中的心理状况下。紧张、恐惧、焦虑等不良情绪都会影响到口语产生过程的正常进行。

2. 文化因素

语言是交际的工具，同时语言的使用也是一种社会的规约，在不同的文化中，人们在什么时间、什么地点、向什么人、用什么样的方式、讲什么样的话都有固定的规则习惯，英语学习者需要学习并掌握这些规则才能有效地使用语言进行交际。

3. 语言因素

语言是由语音、词汇、短语、句子和语篇构成的，足够的语言知识是口语表达的基础。尤其是要掌握一些常用的习语和句型。每种语言都有一定数量的习语和基本句型，它们往往是一些常用的具有特定意义的句子、短语、单词，学习者要对它们熟记，而不必进行语法分析，这样可以在使用的时候张口就来，提高口语的流利程度。

4. 背景知识因素

在听力教学部分我们谈到，学生知识面的宽窄直接影响他们听力理解的能力，学生熟悉的内容听起来会更加容易。同样，背景知识也会影响学生的口语表达。口语交际要做到言之有物，首先要求学生具备相关的知识。

综上所述，要想具备良好的口语能力，学生除了心理因素和背景知识方面的内容之外，还需要具备2个方面的知识。

（1）语言结构知识

语言结构知识包括语音、词汇和语法，学生能够使用正确的单词，按照正确的次序排列，并发出正确的读音。

（2）功能知识

功能知识包括信息的传递与互动，学生能够知道什么时候表达清楚的信息，什么时候不需精确地理解全部信息。

（三）会话结构

口语表达能力主要指参与会话的能力，因此，会话结构分析对于口语教学具有重要的指导意义。对于会话结构的研究可以从两个方面入手：一是从整体上看一个完整的会话过程是怎样构成的，即会话怎样发展的，这是对会话整体结构的研究；二是研究会话的局部结构，一次会话活动是由参加者一次接一次的发言所构成的，一个参加者的发言和另一个参加者的发言之间有什么联系，如何构成连贯的话语，这是会话的局部结构所要解决的问题。

（四）英语口语的语言特点

语言有口语和书面语两种表现形式，口语是语言存在的最基本形式，是第一性的，也是语言最活跃、最富有生命力的表现形式。口语与书面语之间具有许多共同之处。这些特点在语音、词汇、句法、语篇等各个层次均有所体现。

口语的特点首先表现在它是有声的，它主要作用于人的听觉系统，依靠语音的变化来表达意义，口语的重音、节奏、语速、语调等都可以表达丰富的意义。一个句子中一般有一个和多个调核。所谓调核就是指一个语调组中说话者所要表达的最重要单词的重读音节，它一般充当句子的信息中心。调核位置的调整是一种常用的有效表达感情意义的手段。

三、现代英语口语教学实践

（一）"互动式"口语教学实践

"互动式"口语教学实践采用互动式的教学模式，充分利用教材现有资料进行有效的整合，充分考虑到学生的学习兴趣，所设计的内容与学生的日常生活密切相关，侧重培养学生英语口语表达能力，同时结合听、读、写各项技能，充分发挥小组合作的优势，使学生真正成为学习的主体。整个课堂条理清晰，层次分明，教学步骤十分紧凑，具有很强的操作性，课堂评价贯彻始终，自主学习、探究性学习与合作学习相结合，不仅培养了学生主动探究和自主调控学习策略的能力，还有助于使学生获得成就感。

（二）"3P"口语教学实践

"3P"口语教学实践采用 presentation，practice，production 的"3P"教学模式，以学生的多种参与形式为手段。通过听说练习，使学生对课题的表达有所了解，同时在谈论课题的语境中掌握了 when，while，after，before 等词引导的时间状语从句的用法。此外，该教学实践也十分重视语音语调，采用多种策略达到训练学生纯正的发音、流利的会话的目的。

（三）"任务型"口语教学实践

"任务型"口语教学实践活动通过小组合作的形式组织口语练习活动，为学生留出了极大的语言使用空间和自由，在刺激学生表达欲望的同时，还通过互相帮助提高了学习的效率。学生在完成任务、展示讨论成果中获得了满足感和成就感。而话题中的对比主题也提升了学生分析、对比、辩论的能力，提高了学生用英语分析和解决问题的综合能力。

第七章　高校英语语言与文化教学实践

第一节　高校英语教学语言的表达艺术

一、英语教学语言艺术的特点与作用

（一）教学语言的定义及其重要性

教学语言是教师在进行课堂教学活动时所使用的语言，又称教师语言。它是知识的主要物质载体，是师生信息沟通的重要手段，是联系师生情感的重要纽带。一个教师课堂语言的质量实际上在一定意义上就是教师基本素质的缩影。良好的教学语言是教师从事课堂教学的起码要求。掌握教学语言艺术是教学取得成功的一个重要条件。

一个完整的教学过程是教师对学生进行知识信息的传递、反馈的过程，是师生之间情感交流的过程，是对学生个性的熏陶感化的过程，是引导学生进行观察、记忆、思维、想象等智力创造性活动的过程。在这个过程中，无论是教师讲授、叙述、提问、回答、辅导、解释还是板书、演示等都必须借助教学语言。只有通过教学语言引起学生的意识活动，特别是视觉和听觉的活动，引起学生对事物的感知，才能起到意识交流的作用，获得感性认识，继而实现理性的飞跃。尽管现代教学形式日趋多样化、现代教学手段日益先进，诸如社会实践、实地考察、电视、电影、录像、卫星传播、网络等纷纷涌进教学过程，但是它们都无法替代教学语言艺术在教学活动中所起的作用和效果。而且现代化教学对教师教学语言的规范性、

严密性和艺术性提出了更高的要求。因此，教学语言的优劣、教师口头表达能力、思维的条理性和逻辑性以及驾驭语言的技能等都直接影响学生学习的主动性和教学的有效性，而且制约着教师主导作用的发挥，关系到教学的成败。

（二）英语教学语言艺术及其特点

英语教学语言通常是英语教师用作讲解知识、传达信息和传授技能的工具。但是英语教师使用的教学语言不仅是一种传授知识和技能的工具，同时也是教师所要传授的知识和技能本身。

有相当多的英语教师把教学语言视为课堂用语。其实，英语教学语言和英语课堂用语是两个不同的概念。课堂用语是组织课堂教学各个环节的特定用语，它往往有固定的句式。我们熟悉的"Class begins." "Open your books, please!" "Read after me." "Class is over." 等都属于课堂用语的范畴。英语教学语言是指在课堂教学全过程中使用的英语，它已超出了课堂用语的范畴。英语教学语言大体上包括4个部分：①课堂用语；②讲授用语；③师生交流用语；④教师反馈用语。讲授用语是教师在讲解词汇、句法结构、语篇等时所用的语言。师生交流用语是课堂上师生之间进行各种交谈、对答和讨论时的语言。教师反馈用语是教师指导学生进行课堂操练时对学生的语用行为做出评价的语言。英语教学语言的特点可以概括为以下12点。

1. 可接受性

英语教学语言兼有讲授和示范的双重功能。英语教学语言的讲授功能和示范功能能否达到预期的效果取决于它的可接受性。学生的接受能力（听、读）和表达能力（说、写）的发展是一个不断学习和不断提高的过程。教学语言超出学生的接受水平就失去了教学意义。英语教师在课堂教学交流中为了照顾学生的接受能力，应当采用一种能被学生理解的特别英语，即简单、明了和易懂的教学语言。对于接触英语时间不长的学生来说，教师的语言要作相应的简化，伴以夸张的语调并辅之以手势、表情、动作，就像儿童习得母语时母亲使用的一种照顾性语言或保姆式语言。教师的教学语言要遵循既符合学生的实际需要（巩固和复习），又略高于学生现有水平（学习新内容）的可接受性原则。

2. 简明性

教师在课堂上为达到与学生交流的目的，往往对所使用的语言进行加工和简化，用最简明的方式准确传递学生所需要的信息。从理论上讲，教师的语言交际应使用最经济的信息来表达说话者的意图，正确把握好语言的冗余度。一旦学生接受过于复杂的语码训练，如语言冗余信息过大，学生接受起来就有困难。教师的教学语言应当遵循简明性原则，自觉运用一些简化语言的技巧。例如：解释或原文释义可以简化复杂的表达，消除歧义，增加表达的清晰度；重复则可以强化必要信息，引起学生的注意，实现教师自我监控或纠正学生错误。

3. 阶段性

学生学习英语是一个发展的过程，这个过程具有阶段性。教学语言的阶段性主要表现在语速的快慢、用词量的多少、表达结构的繁简以及语篇难易度等方面。随着教学过程的延伸和学生语言能力的逐步提高，教学语言应递进到一个新的高度。如果把教学语言凝固成一种不变的模式并停留在较低层次，课堂教学会变得枯燥无味，难以体现教学大纲和教材的意图。因此，在学生能够接受的前提下，教学语言应不断增加难度、添加新内容，使课堂永远充满吸引力和挑战性，不断激发学生学习新知识的兴趣和热情。

4. 实用性

在初学者的词汇和语句理解阶段，英语教师可能会尽量简化所用的教学语言或使用照顾性语言。当学习者的理解程度提高到语篇理解阶段时，教学语言就应向自然语或标准语靠近，尽可能避免双语的互相干扰。然而，目前在英语教学中，很多教师运用教学语言只是为了教学的需要，没有把教学语言和学生课外运用英语结合起来，致使课堂教学与课外运用脱节。在学生学习的较高阶段，教师应根据所教材料呈现与学生学习和生活相关的自然用语。

5. 规范性

只有规范的语言才能把要表达的意思讲得清楚、明白，只有规范语言才能谈到语言美，才有可能使语言的魅力上升到更高的层次。因此教师的语言必须具有规范性，以期产生语言的示范效应。

6. 主导性

英语教师在组织英语教学过程中要让学生注意什么、感受什么、联想什么以及表达什么，关键在于教师怎样利用教学语言进行引导。教学语言主导性的强弱是教师主导作用发挥如何的一个重要标志。善于引导学生学习的教师的教学语言总是能沟通学生的思维、拨动学生的心弦、引起学生的共鸣、营造出好的教学气氛、调节教学节奏的张弛，从而带领学生进入教学意境。有主导性的教学语言是积极的、能动的，它犹如教师留给学生的路标，有一种提示作用。因此可以少走弯路，提高效率，产生无穷魅力。

7. 讲解性

学生对教师所讲内容有听懂、理解、消化和记笔记的需要，这就决定了教师教学语言要有讲解性的特点。重点问题需要强调一下，疑难问题需要解释一下，没说清楚的地方需要重复一下，增加教学语言的价值。在教学语言中，分析与综合、演绎和归纳、类推及比较都可以使讲解的内容更容易被学生迅速接受，取得好的教学效果。

8. 示范性

在学生看来，教师是知识和智慧的化身，他的一言一行都是可以效仿的。教学语言直接影响学生对知识的掌握、品德的形成和语言表达能力的发展。因此对学生来说，英语教学语言又具有示范性。教师在英语教学时"言不可不慎"，对学生思想可能产生不良影响的话不要随便说,应做到"闲话不闲""笑语有意"。

9. 启发性

英国教育家威廉·亚瑟(Willian Arthur)说过:"平庸的教师只是叙述,好的教师讲解,优异的教师示范,伟大的教师启发。"教学语言的启发性就是在教学时用语言把人们的心灵点亮。戴熙在《习苦斋画絮》中也说过"画令人惊不如令人喜,令人喜不如令人思"。英语教师的教学是为了发展学生的思维能力。英语教学语言应当相应地含蓄蕴藉、耐人寻味、发人深思、富有启迪性的艺术效果。英语教师还应注意把握启发教学的火候,"不愤不启,不悱不发"《论语·述而》。在适当时机施教才能充分发挥教学语言的启发作用。

10. 针对性

针对性是因教学对象不同而决定的。教学对象不同,教学语言自然也就应该有所变化。低年级的学生对生动、形象的语言容易接受,教学语言应当具体、明确、亲切;高年级的学生抽象思维能力不断发展,追求对事物的理性把握,教学语言应该深刻、隽永、灵活、具有哲理性。只有针对学生的心理需求,英语教学语言才能发挥应有的作用,从而充分调动学生学习的积极性。

英语教师在教育教学过程中,针对不同学生,如自尊心强的和自尊心差的、学习好的和学习差的、性格外向的和性格内向的、骄傲的和谦虚的等,都要注意有针对性地采取不同的语言教学方式,以求收到理想的效果。

11. 趣味性

趣味性指教学语言生动、形象、富于情趣,像磁石一样吸引学生。英语教学语言的生动形象性要求教师在教学时多用大众化语言,如谚语、歇后语、习语,多用比喻性词语,充分发挥语言的直观功能,具体逼真地描述事物,力求给学生留下深刻的印象。

12. 审美性

英语教学语言还应当具有审美性，有比一般人的语言更高的美学价值。《左传·襄公二十五年》中说："言之无文，行而不远。"语言是应当有文采的，英语教师的语言尤应如此。英语教师的语言美，仔细分析起来，应包括两个方面：内容美和形式美。内容美要求教师的语言思想深刻，富于哲理，充实而又含蓄，常常具有令人豁然开朗的启迪性；形式美则要求英语教师在遣词造句和修辞上显示出高超的艺术，不能只满足于一般的规范化语言。许多产生巨大艺术魅力的教师语言都是富有审美性的，因为美所以才动人。

二、英语教学语言艺术的种类与功能

（一）英语教学语言艺术的种类

不同学者从不同角度按不同标准对英语教学语言有不同的分类方法。

1. 根据英语教学语言的功能性质分类

（1）系统讲授语言

系统讲授语言主要是指教师在英语课堂教学中以全班学生为对象系统来讲解和传授英语知识的教学语言。这类教学语言的特点是：能够充分体现教师在教学过程中的主导地位和教学艺术才能，易于形成教师独特鲜明的教学语言艺术风格；教学语言表达的内容科学性强、专业特点突出；教学语言的形式逻辑性强、系统完整、层次分明，利于学生感知、理解和记忆。教师可以根据英语学科内容、学生特点精心设计、巧妙安排，增强教学语言表达的艺术效果；教师可以高效率、高质量地完成系统讲解和传授英语知识的教学任务，促进学生的知识、技能、品德等方面的发展。

（2）个别辅导语言

个别辅导语言主要是指英语教师在课内外教学中以个别学生为对象辅导学生

学习的教学语言。这类语言的特点是：高度尊重学生的主体地位、充分调动学生的学习积极性、关注学生的个别差异和个性特点；教学辅导语言针对性强，利于因材施教，使学生能够了解自己的优缺点；要尽量适应学生的不同要求，语言形式灵活多变（一般难以事先设计）；辅导语言要求精于启发、巧于点拨、善于激励、长于指导，可以帮助学生查缺补漏、解释疑难，使学生形成正确的学习态度、掌握有效的学习方法、培养良好的学习习惯。

（3）组织协调语言

组织协调语言主要是指英语教师在教学中组织教学活动，协调教学关系、控制教学进程的语言。协调语言又可分为：①指令语言：应当明确具体、简短精练、热情文明，切忌模糊抽象、冗长杂乱、冷淡无礼；②商讨语言：应当体现民主的精神、尊重学生的选择、培养学生的参与意识，使教学真正成为双向活动；③衔接语言：也称过渡语言，教学要点的衔接、教学活动的转换都需要有中间过渡语言才不致使教学要点间缺乏联系、教学活动的变化而显得突兀；衔接语言应当前后呼应、穿线贯珠、起承有序、转合有度，这样才能将整堂课组织得严谨缜密、天衣无缝；④调节语言：通过恰当的褒贬评价，强化或改变学生的学习活动以调节控制教学进程；教学调节语言应当实事求是、程度适当，方法因人而异，形式丰富多样。

2. 根据教学语言的信息流向分类

（1）单向传输语言

单向传输语言又称独白性语言，是指英语教师在教学中向学生进行单向输出的语言。此类教学语言的特点是：语言信息密集、讯道流畅；能较好地体现教师的教学意图；语言传输的效率高、质量好；语言表达过程易于自主调控，因而可以精心设计；要求学生具有相应的语言接受能力；可以给学生以良好的语言示范，培养学生的语言鉴赏能力、语言感受能力和语言表达能力；语言信息的单向输出缺乏反馈能力；语言效果取决于教师的语言艺术水平高低等。单向传输语言的运用要十分讲究语言表达技巧，只有增强其语言本身的吸引力才能激发学生的接受兴趣，避免因单调枯燥给学生造成的语言疲劳。

（2）双向对话语言

双向对话语言指英语教师和学生以平等的身份，在民主融洽的气氛下进行生动活泼的双向对话的语言。此类教学语言的特点是：语言的情境性增强，要求教师具备灵活机智的语言应变能力；语言流程出现曲折，语言信息传递效率受到影响；语言反馈的即时性增强了语言的实际效果；语言主体的平等地位使师生双方都有了主动参与的积极性；语言信息的不断变换提供了师生教学相长的可能性，可以增加学生语言实践的机会、锻炼学生思维的灵活性和即时口头表达能力。双向对话语言常用于课堂问答、个别辅导、交换意见、了解情况等教学活动。

（3）多向交流语言

多向交流语言指英语教师在教学中有目的地组织学生进行座谈、讨论、争辩的语言。此类教学语言的特点是：英语教师以主持人的身份组织和导演教学活动；英语教师的语言具有鲜明的主导性和组织功能；语言流程具有不确定性，因此增加了教学语言设计的难度；语言信息的多向流通使教学活动结构呈现立体交叉网络状态；语言气氛的活跃会激发师生思维的积极性和语言表达的兴趣；语言信息的碰撞增加了语言活动的教育价值。多向交流语言的运用要求英语教师具有较高的语言控制调节能力，使多向交流语言"形散而神不散"，通过激发兴趣、点拨思维、引导言路而达到预定目的。

（二）英语教学语言艺术的功能

1. 英语教学语言艺术是影响学生心灵的工具

英语教学语言艺术是指教师创造性地运用语言进行教学的艺术实践活动，它是英语教师教学表达艺术的最重要的组成部分。正如苏联瓦西里·亚历山德罗维奇·苏霍姆林斯基所说："假如在语言旁边没有艺术的话，无论什么样的道德训诫也不能在年轻人的心灵里培养出良好的高尚的情感来。"他认为"教师的语言是一种什么也代替不了的影响学生心灵的工具",教师"高度的语言修养是合理利用教学时间的重要条件",教师"在很大程度上决定着学生在课堂上的脑力劳动的效率"。可见,国外教育家也是非常重视教师教学语言艺术修养的。

2. 英语教学语言艺术是英语教师最主要的教学手段

无论教学手段多么先进,但教学语言艺术的地位和作用是难以被完全取代的,因为课堂始终是一种弥漫着语言的环境。一般来说,"教"与"学"包含的语言活动主要有讲授、解释、讨论、提问、回答、复述、概述、修正或纠正等。此外,还有一些为吸引或保持对方注意的讲话以及表现彼此关系的表达,它们都是课堂语言的组成部分。

3. 英语教学语言艺术是影响教学质量的关键之一

教学质量的好坏是由多种因素决定的,准确、鲜明、生动、富有吸引力、感染力、号召力的极具艺术魅力的教学语言是启发学生思维、激发学生兴趣、调动学生积极性的重要一环,直接影响到教学质量的好坏。有研究资料表明,学生的学习积极性和主动性、课堂纪律的好坏、学习成绩的高低乃至学生的成长,都同教师的教学语言密切相关。

英语教师的教学语言艺术水平综合反映出教师的教学素养,它对英语教师的教学效果和效率具有决定性的意义。学生接受知识的程度同教师的表述水平有显著的影响。教师的教学语言具有条理性,学生的学习收获就较大。教师教学语言逻辑混乱,造成表述不够严谨、周密、有条理,会使教学内容漏洞百出、捉襟见肘,甚至会自相矛盾、陷于困境。我国著名美学家朱光潜曾说:"话说得好就会如实地达意,使听者感到舒适,发生美感,这样的说话,就成了艺术。"教师教学语言的动听程度决定了教师语言感染力的大小和学生的语言接受程度。

4. 英语教学语言艺术能促进学生能力的发展

著名科学家爱因斯坦说得好："一个人的智力发展和他形成概念的方法在很大程度上是取决于语言的。"教师教学语言艺术的高低不仅影响到教师教学任务的完成、教学效果的优化，更重要的还在于它能直接影响到学生多方面能力的发展。

（1）影响到学生思维能力的发展

英语教师的英语教学语言艺术水平直接反映着英语教师思维能力的高低。"口才"好的根源在于"脑才"好，会说在于会想。所以列宁很欣赏德国哲学家叔本华的一句话："谁想得清楚，谁就说得清楚。"学生通过教师高超的英语教学语言艺术可以探知教师的思维进程、学习到思考问题的良好方法、体验到思维过程中的快乐，从而激发学生思维兴趣、提高其思维能力的水平。直观形象的教学语言会影响到学生的形象思维，理性概括的教学语言会影响到学生的抽象思维，英语教师的机言智语会影响到学生思维的敏捷性和灵活性，英语教师的语言观点会影响到学生思维的独立性和批判性，英语教师的语言材料会影响到学生思维的广阔性和深刻性等。

（2）影响到学生语言能力的发展

英语教师的教学语言不仅是传授知识的工具，还是最直观、最有效、有声无形的榜样。英语教师的教学语言对学生语言习惯与能力的影响是日积月累、潜移默化的。实践证明，学生受到言之成序、言之有理、言之动情、言之生趣的教学语言的长期熏陶，就会逐步产生对语言的浓厚兴趣，进而掌握灵活运用语言的本领。

（3）影响到学生审美能力的发展

苏霍姆林斯基指出："教师讲的话带有审美色彩，这是一把最精致的钥匙。它不仅开发情绪记忆，而且深入到大脑最隐蔽的角落。"英语教学语言艺术本身就可成为学生审美的对象，使学生从中获得审美感受，激发其审美情趣，锻炼和提高学生的审美创造能力。

5. 英语教学语言艺术是师生情感交流的重要媒介

英语课堂教学不仅仅是"传道、授业、解惑",而且还是师生间的情感交流。师生间良好的情感交流对教学效率的提高、学生心智水平的增长、英语学习兴趣的增强等都有着积极的影响。心理学研究证明,任何心智活动都不能截然分割为理智活动和情感活动两个领域。著名儿童心理学家皮亚杰认为:"没有一个行为模式(即使是理智的)不含有情感因素作为动机。"情与理应当互为补允、协调活动。而师生间的这种情感交流活动的重要媒介就是教学语言。具有艺术魅力的教学语言能促进师生间的良性情感交流,而差的教学语言却会造成师生情感的恶性交流,从而降低教学质量。

6. 英语教学语言艺术是信息交流的主要物质载体

英语教学过程实质是一个信息交流的过程。在这个信息双向交流的过程中,英语教学语言是信息的主要载体。英语教学信息复杂、多样而具体,要使这种信息以最佳状态进行流动,优美的英语教学语言是传递这些信息的主要物质载体。若英语教学语言具有艺术感染力,教学信息量就会大大增加,英语教学的效率就会因此大大提高。

三、英语教学的幽默艺术

(一)英语教学幽默的意义

"幽默"一词来自英语 humour 的音译。查阅英语词典,我们可以得到这样的释义:"The quality of being amusing." 意思是用诙谐的修辞手法表现意味深长的哲理,以求得特殊的艺术效果。在现代生活中,幽默越来越受到人们的青睐。有人甚至将它比喻为美化生活的大师。借助幽默,作家创作了幽默作品、画家创作了幽默漫画、表演家创作了幽默动作。当然,这里所说的用于英语课堂教学的幽默有其固有的意义范畴,它主要指英语教师课堂教学时激发学生乐趣的能力。幽默在课堂上适当地使用大体有 4 个方面的意义。

1. 松弛紧张感

幽默可致笑，而笑在生理学研究中证明是有益于精神和生理放松作用的。著名精神病学者 William Fry Stanford 博士曾说："开怀大笑可锻炼放松肌体内每个主要肌肉部位。一天至少笑一百次相当于划船 10 分钟。"获取知识需要紧张感，但是课堂连续 40~50 分钟的紧张学习对学生来说是有很大精神压力的。若授课其间能不时地给学生一些幽默材料引得学生发笑，学生的紧张情绪就会不时地有所缓和，学习效率也会更高。

2. 促进联系

幽默有助于促进人际关系，给人们带来理解、友爱、沟通。这方面既适合于日常生活，也适用于英语课堂教学。一位优秀教师课堂上应善于呈现双重面孔——"严师"和"良友"。虽然"严师"是教师大部分教学时的角色，但"良友"的作用也是不可忽视的。若师生能共同欣赏幽默，一起开怀大笑，双方实际上也就相互加深了理解。学生对教师没有敌意，觉得上课有趣，那对学习英语也就不会产生厌烦情绪而加以抵触。

3. 激发趣味性

不言而喻，人觉得工作有趣时干活的劲头就大，工作效率也会高。学生学习英语同样需要趣味性。而在课堂上使用幽默来引发学生开怀大笑将会使英语学习过程变得轻松而富有趣味性。一些复杂的英语句型或词组若构成可笑有趣的概念，学生会在娱乐和大笑时对它们留下较深的印象，从而不知不觉地加以消化吸收。

4. 消除厌倦感

心理学研究表明，长时间地保持同一姿态会使人产生厌倦，若让厌倦感无止境地蔓延发展，即使最优秀的人也会变得平庸。同样地，厌倦感对学生也会产生严重的危害。学生如发生厌倦感并任其加深的话，会出现旷课、上课时情绪低落及注意力不集中的现象。在教学中我们可观察到，最积极的学生上课其间有时也会开小差或心不在焉。为振奋学生的精神、保持学生高昂的学习激情、让学生思想集中，授课时教师可不时地发挥其幽默才能，讲讲笑话或讲述有趣的故事。这样，学生在笑的过程中精神可以不断得到振奋，学习兴趣会更浓。

（二）幽默在英语课堂教学中的巧用

既然幽默在课堂教学中能带来不少益处，那么作为英语教师就应该加以充分使用。

1. 用幽默说明英美语言表达上的差异

英美语言表达上的差异繁多，单靠教师照本宣科地讲授，学生是很难记住的。若教学得法，能取得事半功倍之效。例如：讲授 the first floor 的英美语言差异时，只需用一则幽默就可让学生掌握这一知识。某饭店男厕所在第一层，女厕所在第二层：

American woman: Where is the toilet ?

Chinese clerk: On the second floor.

Englishman: Where is the toilet ?

Chinese clerk: On the first floor.

Finally, the man and the woman went to the same floor. Why ?

接着为学生解释：在美国英语中 the first floor 意为"第一层"，在英国英语中意为"第二层"。英国人说"第一层"要用 the ground floor 来表达。

2. 用幽默区别相似短语或习惯用法

在区别 in a family way 与 in the family way 时，可用如下一则幽默帮助学生掌握它们之间的差异。

一个略懂英语的法国姑娘去英国朋友家做客，主人是一对夫妇，他们热情地款待了来客，使这位法国姑娘感激不已。临别时，客人说："Thank you.You made me in the family way." 听了此话，主人面面相觑。

通过教师解释，学生在笑声中领会了"笑因"所在，牢记了 in the family way（怀孕）与 in a family way（宾至如归）之间的差异。

3. 用幽默辨别句型差异

call sb sb 与 call sb sth 是两类不同结构的句型。前者为"谓、宾、宾补"结构（这里称为 A 句型），意为"喊某人叫作某名"；后者为"谓、间宾、直宾"结构（这里称为 B 句型），意为"替某人喊……来"，也可作 A 句型解（喊某人并叫其作某物）。在讲授它们的区别时，可用如下一则幽默。

Tom: Call me a cab.

Friend: You are a cab.

学生可能不懂笑因何在，教师要告诉学生：幽默藏于朋友的答话之中。学生通过思考，领悟了 A、B 句型之间的差异。接着教师可引导学生复习 give sb sth 与 make sth sth 等常用句型，让学生说出它们各属哪种句型结构。

4. 用幽默帮助学生掌握某些多义词

在讲授 engage 与 marry 的词义及用法时，如下两则幽默会使学生过目不忘。

Tom: Is your mother engaged?

Jim: Engaged? She has three children, you see!

教师解释道：be engaged 常表示不得空（be busy）与订婚。汤姆的问意显然是前者，而吉姆却理解为后者，故他很吃惊也很生气地答道："订婚？她孩子都有三个了！"笑声过后，教师指出：be engaged in (doing) sth 意为"忙于做某事"，be engaged to sb（不能用 with）意为"与某人订婚"。

Tom: Mr Smith married his daughter last week.

Joan: Why? How can it be?

Tom: Well, it was my brother John who married Smith's daughter.

通过教师讲解，学生弄清了 marry 有两种含义：把……嫁出去和娶……，因 Joan 认为 Tom 的话是后者的意思（或许故意这样理解），所以她感到（或故作）惊讶。教师简短的讲解，使学生在笑声中轻松地掌握了这两个词的多种词义及用法。

5. 用幽默帮助学生牢记某些同音词

为了帮助学生记住某些同音异义词，教师可自编一些句子，让学生练习掌握。例如：

Most people write with their right hands.

He threw a stone through the window.

6. 用妙趣英语句子讲授某些多义词

英语单词大都多"性"多"义"。让学生孤立地记忆，远不及让学生记住一些妙趣横生的英语句子效果好。例如：

Well, it's well that the water in the well does well up so well.

A B C D E

（啊！井中涌出这么好的水，真是妙极了！其中 A 为感叹词，B 为形容词，C 为名词，D 为动词，E 为副词）

Don't trouble trouble until trouble troubles you.

A B C D

（麻烦不找你，你莫找麻烦。其中 A、D 为动词，B、C 为名词）

She said that that "that" that that boy said was wrong.

A B C D E

（她说，那个男孩讲的那个"that"错了。其中 A 为从属连词，B、E 为形容词，C 为代词，D 为关系代词）

7. 用幽默强调学好语音的重要性

学生易忽视英语语音的重要性。即使教师苦口婆心地说教，效果仍然不佳。若用两则笑话则能很好地给学生以启迪。

某留学生在英国留学。一天，他对英国朋友说："I'm going to the sea to die."（我准备到海边去死。）朋友感到莫名其妙，忙问其故。经多番努力，才弄清他的朋友想说"今天去海边。"（I'm going to the sea today.）

从前，在一个较为正式的场合，一位先生介绍自己及夫人时说："I'm dirty, and my wife is dirty too."在场的人哄堂大笑，弄得这位先生十分尴尬。他本想说："I'm thirty, and my wife is thirty – two."因为他把[θ]读成了[d]，故使人认为："我脏，我妻子也脏。"

8. 用幽默强调标点符号的重要性

忽视标点符号的正确使用也是学生学英语常犯的毛病之一。我们可用一则英语幽默提醒学生对标点符号的使用要特别注意。例如：某国王准备出席一次重大宴会。新闻本想报道：The King will wear no clothes which will distin-guish him from others. 但因印刷中该句多加了一个逗号，致使这句话成了一则爆炸性新闻：The King will wear no clothes, which will distinguish him from others.（国王将不穿衣服，这将使他与众不同。）一个小小的逗号，居然能使"国王不穿衣服"！学生自然领悟到了正确使用标点符号的重要性。

（三）英语课堂教学幽默运用的艺术

1. 双关语

双关语实际就是诙谐地使用同形异义词或同音异义词。英文中不少谐音双关和词义双关的词或词组可为教师提供广阔的选择范围。这些双关语用于英语教学中，一方面可以取得幽默效果，让学生觉得好玩，从而提高对英语学习的兴趣；另一方面，也会渐渐让学生掌握这种英语修辞的准确使用。

2. 英语字谜

英语纵横字谜游戏是利用所给的提示,在棋盘一样的纵横交错的方格里填入单词的一种知识性、趣味性游戏。这种游戏把趣味性和单词学习集于一体,可以使学生摆脱学习英语单词的单调和枯燥,从而轻松愉快地记忆单词。英语教学中插入这种被称为"大脑的体操"的英语字谜可以极富趣味性和娱乐性,让学生们在轻松愉快的语言游戏中充分运用知识。至于字谜的范围,教师可以按学期或学年有系统有计划地进行,一段时间介绍一个方面的内容,涉及的知识最好由浅入深。例如,可以先让学生填写一些简单图案,如风筝、飞机型字谜。待学生体会到胜利的喜悦和成功的满足后,英语字谜游戏可以向烦琐型发展,逐步涉及日历、饮食、时间、国家、动物等多方面。

3. 英文幽默小品

英文幽默小品是一种大众喜闻乐见、雅俗共赏的民间文学,其形式短小精悍,内容富于哲理和趣味性。英文幽默小品的涉及范围很广,反映了人民大众对真善美与伪恶丑两种截然不同的态度。英语教学中穿插英文幽默小品可增添学习英语的乐趣,也能帮助学生增长知识,提高英语欣赏能力。

4. 英文幽默故事

英语中不乏精彩的幽默故事,篇幅各异,涉及面也极为广泛。老师在课堂教学时可选一些读给学生听,让学生回答所涉及的提问。也可以抽掉其中的一些单词、词组,改写成不完全的句子,让学生依据上下文来完成。为使学生兴趣更浓,老师还可侧重一些名人的轶事趣闻。这样持之以恒,循序渐进,学生不仅能获得极大的乐趣,而且也能掌握更多的英文单词及表达,在英语对话、听说写各方面定会有长足进步。

5. 英文笑话

笑话是诙谐的玩笑或使人好笑的情形。笑话的取材很广,可以择取于日常生活的方方面面。一则好的笑话常充满智慧和知识，让人摆脱尴尬和沉默，也可让人赢得沟通，处处受他人欢迎。英文笑话被运用于教学还可具有特殊意义。学生可以在笑声中了解各种西方人的心态和生活方式，学到地道精彩的英语。

第二节 高校英语中的文化教学实践

一、英语课堂中文化教学方法概述

在高校英语教学实践中，探索性地尝试一些文化导入的教学方法可以进一步活跃课堂氛围、激发学生的学习兴趣、取得较好的教学效果。具体的文化教学方法如下。

1. 异同比较法

比较汉语文化和英语文化不同、语言结构和文化之间的异同，从而获得一个跨文化交际的文化敏感性。英语教师在课堂的语言教学中、学生在阅读英语作品时均可通过异同比较法了解英语文化的特殊性。英汉文化间既有相似之处，也有不同之处。如果在教学中只注重语言形式而忽略文化差异，学生往往会犯文化错误，在交际中造成语用失误甚至文化冲突。对比分析两种文化，有助于加深彼此间的了解，消除误解。不同文化间的对比是多层次的、全方位的，大至价值观、思维方式，小至社会规范、生活习俗。结合语言教学，对母语和目的语的词汇、习语、禁忌语、委婉语、比喻等不同的文化内涵的对比应引起特别重视。

2. 以点带面法

在处理某一类具有文化背景知识的词语例子时，不仅讲授语义的文化背景，同时进行适度横向扩展。如给出类似的例词以加深印象，获得更多反复的机会，最后总结介绍一下这类词语的情况。

3. 角色扮演法

在课堂上模拟现实生活情景，让学生扮演角色进行问候、闲谈、电话预约、送生日礼物等活动，然后老师与学生一起总结恰当的语言和不恰当的做法，进一步培养学生对文化差异的敏感性，提高学生跨文化交际的意识。高校英语听力课最适合进行角色扮演活动,因为听力教材的内容丰富且生僻词少,形式包括简短对话、对话及短文,很适合培养学生的能力。

4. 课堂讨论法

有些问题只有通过讨论才能弄清楚。教师可以根据课文内容及跨文化交际中容易引起误解的文化点出题,让学生展开讨论。这样可以使与文化有关的内容较深刻地印在学生的记忆中。

5. 文学赏析法

文学作品常常是了解一个民族的特性、心理状态、文化特点、风俗习惯、社会关系等方面最生动、最丰富的材料。教师引导学生课后阅读一些英、美等国的文学作品,可以使学生对以英语为母语的民族有更深的了解。

6. 大众媒介法

阅读报刊是了解当前社会各阶层、各集团的动态以及各种社会问题和社会关系最直接的途径。电影、电视等媒体不仅可以提供最新、最生动的语言和文化信息,还有助于学生了解手势、表情、身体语等非语言交际方式。教师可以借助这些媒介手段来传授文化,进行文化导入。

7. 直接阐释法

对英语教材中涉及的文化背景内容随语随文加以注释、进行讲解,或指明其文化意义,或指明其运用的文化规约。教师在教学中就语言所承载的某一文化现象进行直接阐述说明,使学生习得英美文化。例如,讲授"Christmas"一词时,教师要注意其文化内涵,要有意识地介绍西方圣诞节的来历、庆祝方式、相应的风俗习惯等,使学生了解圣诞节在西方人生活中的重要性。

8. 交互融合法

交互融合法指的是将文化内容与语言材料结合在一起的教学法,如语言材料本身就是介绍英语文化习俗、词语掌故、历史事实等。这种方法的优点是材料本身容易引起学生的兴趣，文化知识和语言知识的学习可以有潜移默化的效果。

9. 情景渗透法

由于真正的目的语环境很少，教师应在教学中积极为学生创设虚拟的目的语环境，让学生亲身体验目的语文化。根据课堂教学内容的需要，教师可设计情景对话、角色扮演等活动，指导学生根据具体的语境正确选择得体的语言、表情和语调进行表演。这样，不仅巩固了学生所接触的文化知识，更重要的是提供了语言实践的机会。另外，教师还可以充分应用现代多媒体教学手段、图片、电影等直观教具给学生以直观的情景式的享受，为学生营造一个良好的语言习得氛围，使学生有身临其境之感，从而更深刻地了解英美文化。

文化教学是英语教育的一个重要内容，也是加强对学生进行综合素质教育不可或缺的一部分。在教学中通过文化导入可以使学生既学习语言知识又学习社会文化知识，既培养语言能力又培养社会文化能力，既拥有用英语获取信息的能力又获得用英语进行跨文化交际的能力。

二、英语课堂中文化教学过程中的注意事项

英语教学中的文化导入可以让学生了解英美文化，但不能误导学生对西方文化全盘接受、盲目崇拜，防止学生完全模仿和照搬西方文化。华夏文化和英美国家的文化都有它的合理性，两者绝无优劣之分，他们都是文化的不同表现、不同形式。所以在传授英美国家文化的同时，也要提醒学生注意本国文化特质，加强母语文化的学习，这样才能更加深入地理解英汉两种不同语言负载的不同文化。

同时，在语言教学中导入文化教学并不是说不再重视语言教学，相反文化教学对语言教学提出了新的课题，开辟了新的思路。应该把语言教学与文化教学有机结合起来，从英、汉两种语言的形式出发，找出这两种语言本身的特点和规律并运用到教学中去。

众所周知，英语属于印欧语系，而汉语属于东方语系。这两种语言在结构上最大的差别在于英语重形合，以逻辑思维、抽象思维为主，把关联词语作为句内和句际关系的衔接手段，语义连接隐含在句中；汉语重意合，以形象思维为主，把语义的逻辑联系作为句内与句际的衔接手段。比如英语中常见的先行词"it"常充当形式主语或形式宾语，在教学中特别是在商务英语课上教师可提供相应的句型供学生练习，如"It would be appreciated if you..." "It be...that..." "You may rest assured that..."等。在英语的写作教学中更能充分体现英语的形式与逻辑的特点，围绕主题构思文章、发展内容、组织话语。可归纳一些起承转合的常用词语用在作文里，使文章条理清楚、结构明确，为写好英语文章打下基础。

如果说西方语言的句子脉络是以动词为中心的空间结构体，那么汉语句子的脉络是一种逻辑的心理时间流，它不像西方语言的句子那样以动词为中心搭起的固定框架，以形役意。文化是靠积累的，而不是一下子灌输的。所以文化内容的导入必须是由浅入深，以不超过学生承受能力为标准。文化意识的培养要有适度性、针对性和科学性，所以选择一本合适的教材非常重要。以《综合教程》为例，课文选材广泛生动，涵盖家庭、社会、价值观、环境等贴近现实生活多方面内容；在结构与编排上，每单元围绕一个主题为精讲与学生自学安排两篇文章；课前的"pre – reading task"与该主体紧密相关（歌曲、小故事、人物介绍等）；课后增加了语感培养（课文背诵、诗歌、格言、幽默故事等）；全新版的教师参考书增加了文化注解，包括作者生平、人物介绍、与课文相关的英美文化教育、社会生活及风土人情等背景资料；多媒体课件提供了相关的电影、图片等直观、生动的素材。教师在教学中可利用这些素材向学生导入有关的文化背景知识，让学生在习得语言知识的同时领略异域文化。

（一）利用课外活动加强文化教学

文化教学仅仅靠课堂教学是远远不够的。教师要鼓励学生在课外进行具体的语言实践，如鼓励学生多看一些原版的电影和录像片。大部分电影和录像片的内容本身就是一种文化某个侧面的缩影。外国文学作品阅读也是一种学习外国文化知识的重要方法。文学作品是文化传统的积累，也是文化的精华部分。随着多媒体技术在英语教学中的应用，计算机网络让学生有机会接触更广阔的世界。教师可以向学生推荐各种相关网址，帮助他们了解西方文化的价值观（价值取向、处世哲学、行为规范等），这样不仅可以激发学生的学习兴趣，也可以增进对不同文化的了解，从而为语言学习打下良好的文化基础。

语言教学的任务可分为语言能力和文化能力的培养两个方面。语言教学必须学习必要的语言基础知识，然后是文化的学习和领悟。传统的英语教学把主要精力集中在语言知识的传授上，忽视了语言使用与文化因素的相互作用也就忽视了语言交际与运用能力的培养。成功的英语教学必须使学生具备语言的社会运用规则的知识并且能够实际运用它们，具有社会文化能力。在课堂教学的过程中传授文化知识不是一件容易的事情。首先，教师要了解语言与文化的内涵，有敏锐的文化感受能力；其次，教师在遵循文化教学原则的前提下，以生动、活泼、多样的教学方式和手段在语言教学中贯穿文化教学，将二者紧密结合，使语言学习进一步与文化学习交叉、融通。总之，在英语教学中进行文化教学，从理论上和从实践中都已证明是正确、有效的。这需要英语教师在教学实践中不断地总结、探讨，在教学研究中不断地深化、提高。

（二）积极寻找作为"第三种文化"的过渡型文化

每种语言都是文化的一部分，同时每种文化也是语言的一部分。一方面，文化对语言有强大的影响，语言受到文化的支配并反映着文化在语言中能发现文化的痕迹；另一方面，语言对文化也有重要作用。由于语言与文化联系紧密，在英语教学中教师应让学生在真实的文化环境中理解和掌握语言。英语学习者只有学习和理解目的语文化才可能学好目的语。

课堂上的主导文化对语言学习将起到很大作用。若在课堂教学中以母语文化作为主导文化、把全部精力集中在语言知识的传授上、依靠母语来解释目的语而忽略目的语的文化背景，将会缺乏真实的语言环境，学生将感到枯燥乏味。语言所表达的意义不只是由语言本身所决定，同样要取决于文化背景和语境。由于目的语和母语文化在许多方面存在差别，以母语文化作为主导文化会使学生由于缺乏了解和理解不同文化因素的差异而犯跨文化交流方面的错误。因此不宜在高校英语课堂教学中使用母语文化作为主导文化，很多教师认为应该以目的语文化作为课堂主导文化。但若要在课堂上真正使用目的语文化为主导，教师就应该为学生提供一个真实的目的语环境。同时，教师应该对目的语文化有比较完全的理解和掌握。此外，语境不仅包括口头语言还包括面部表情、手势等身体语言以及课堂活动和整体环境等。由于师生间文化模式的不同，课堂上会经常出现跨文化交流的障碍，妨碍学生对教学内容的接受和掌握。

既然目的语文化和母语文化都不适宜作为课堂教学的主导文化，那么就找到一种介于两者之间的、过渡型的"第三种文化"，它在初学阶段建立于学生的母语文化基础之上，教师尽量为学生提供一个他们所熟悉的、母语的教学模式和方法来教授语言知识，并适当导入一定的目的语文化背景知识以帮助学生理解目的语。在学习过程中，随着学生对目的语的逐渐掌握及能力的提高，教师按照循序渐进的原则引入目的语文化。最终，为学生创造一个与目的语文化相近的课堂主导文化，以此来帮助学生理解、掌握目的语。

对于青少年学习另外一种语言，在开始阶段的教学中有控制地使用双语更为合适，随着学习的加深应逐渐向以英语教英语的方向发展。由于导入的文化内容应适合学生的年龄特点和认知能力，由浅入深、由现象到本质，逐步扩展其范围。教师可以根据学生的学习能力及风格，使选择的内容更趋向于母语文化或目的语文化。比如通过对学生进行英语文化背景知识和交际能力的测试，找出学生在学习过程中易犯的文化错误，从而有针对性地导入文化知识，必要时用母语或母语文化做解释。因此，教师可根据学生的情况给予"第三种文化"不同的定义，它在不同的课堂中是可变化的。有外国学者曾指出，在母语文化与目的语文化的交叉点，每位学习者的主要任务是对"第三种文化"给出自己的定义，它对每位学习者来说都是不同的。

在课堂上要避免母语对目的语学习的干扰，但也可以通过对母语和目的语进行不同的语言和文化的比较来加深学生对目的语文化的理解。但在有些情况下，完全使用目的语及目的语文化，学生将无法理解，因此导致教学效果很差。所以，在课堂上，教师应充分利用母语及母语文化有利的一面帮助学生理解目的语及目的语文化，不能盲目地排斥母语及母语文化在课堂教学中的使用。

教师还必须注意，要针对学生的学习情况来决定文化导入的方式，按照循序渐进的原则，使课堂教学逐渐向目的语文化靠近，使语言教学内容及文化导入内容始终高于学生已有的语言和文化知识水平，激发学生的学习动力和兴趣，使他们经过努力取得进步并掌握新的知识，这样才能取得最佳的教学效果。此外，教师在教学过程中应确保语言输入及文化导入的正确性。课堂教学中文化导入的内容必须使学生通过努力可以理解，并对语言的学习有所帮助，而不能与语言教学内容脱节或超出学生的理解范围，导致学生对课堂学习丧失信心和兴趣。

根据学生的学习情况和理解能力，循序渐进地导入目的语文化，即使用过渡型的"第三种文化"作为课堂教学的主导文化，这样才能使学生在适当的文化氛围中学习好语言。

（三）归纳中西文化差异

在英语教学中，还可以将日常生活交往中的中西文化差异进行总结归纳，这对学生进行跨文化交际能力的提高能起到积极的促进作用。例如将中国人与英语国家人士初交时谈话的禁忌归纳为四个词："I""WARM""where""meal"。"I"代表 income；第二个词中"W"代表 weight，"A"代表 age，"R"代表 religion，"M"代表 marriage。由此而引出"七不问"：不问收入、不问体重、不问年龄、不问宗教信仰、不问婚姻状况、不问"去哪儿"、不问"吃了吗"。尽量在平常的英语教学中让学生掌握中西文化差异，大量运用口语交际手段对学生进行实际演练，让学生熟练掌握东方文化与西方文化的异同及产生差异的原因，让学生能够深刻领会中西文化的内涵，用交谈式、理解式及非语言交际来培养学生的文化意识。

三、英语课堂中的文化渗透

（一）结合高校英语教材适时讲解知识文化

知识文化是指一个民族的历史、地理、政治、经济、科技、教育、宗教、法律、文学艺术等文化知识。知识文化对培养学生的文化意识、提高理解判断能力、形成跨文化交际能力有不可忽视的作用。现行的英语教材选材广泛，大部分语篇涉及英语国家典型的文化背景知识，特别是其中的文学作品，为学生了解外部世界提供了生动丰富的材料。比如《新视野高校英语》第四册第一单元 *The Temptation of a Respectable Woman* 是美国著名的女小说家凯特·肖邦（Kate Chopin）的作品。她的代表作 *The Awakening* 是世界文学的经典。肖邦的小说基本上反映了崛起于 19 世纪末期美国女性文学的特点，它们对学习者了解有关美国女性文化、文学特别是 20 世纪 60 年代女性主义批评等内容有重大的帮助。

高校英语的授课对象大部分是非英语专业的学生，他们除了英语学习外还承担着较重的专业课学习，少有多余的时间去了解相关的社会文化背景。这就需要教师利用好现有教材，对教材中出现的文化知识向学生予以讲解，使学生能在有限的课时内增加目的语社会文化背景知识。例如《高校英语》的 *The Present* 一文中"marigold（万寿菊）"一词，如果粗心大意，根本就不会注意到这个普通的花卉词语，可是细心的学生就会问为什么是送"marigold"而不是"carnation（康乃馨）"呢？其实"marigold"这个词是有着深远的含义。据说古人将此花献给失去耶稣而悲伤的圣母玛利亚，因此"marigold"意为"圣母玛利亚的花"。"carnation"的花语是"母爱"，一般是在"母亲节"时送给母亲的；"marigold"的花语是"grief（悲伤）"。作者认为在这里用"marigold"更能贴切地表现出老太太晚景的凄凉。

语言是一种特殊的社会文化现象，它是人们在长期的社会生活实践中约定俗成的。每一种语言都是在特定的社会历史环境中产生和发展起来的。因此，每一种语言都反映出使用该语言的国家和民族在不同的社会历史时期所特有的文化现象。

将文化解释融入语篇学习，积累特殊文化。基础性文化知识介绍会有助于消除跨文化交流的障碍，但要想完全理解和得体使用英语材料，还必须在语篇教学当中贯穿文化解释。毋庸置疑，文化对语言的影响还反映在词汇和话语的联想意义和感情色彩上，但是我们无法对这些语汇的文化含义进行系统学习，只能在语篇中点滴积累。因此，在课堂教学当中，教师除了对整篇课文做文化背景的概括介绍外，还要解释其中出现的文化含义有别于汉语的词语、习惯用语、句子等，并进行同类表达的归纳引申、横向和纵向拓展，达到触类旁通的目的。

（二）在阅读教学中破解干扰交际的文化因素

文化背景知识对阅读理解来说是一个重要的变量。在教学中经常发现，有着某方面文化背景知识的学生比没有这方面文化背景知识的学生在阅读上的进展要快得多。众所周知，西方在社会制度、家庭结构、生活方式、宗教信仰、价值观念等方面与中国有着很大的差异，这些文化差异必然通过语言反映出来。而从小在中国文化熏陶之下的学生在学习英语时，思维上的定式使得他们不自觉地以本民族的视角来看待英美文化，这种文化上的干扰势必导致学生对所学内容的迷惑或误解。

在英语阅读教学中要排除文化上的干扰，束定芳教授和庄智象教授合著的《现代外语教学：理论、实践与方法》一书中所提出的3种方法值得借鉴。①融合法：将文化内容与语言材料结合在一起。②实践法：学生通过具体的语言实践来学习和掌握目的语的文化知识，如听英文经典歌曲与广播、阅读经典名著以及观看英文电影录像等。另外,举办英语演讲比赛、举行英美文化专题讲座等方式也是有效途径。③比较法:就母语和目的语的语言结构和文化之间异同进行比较,培养学生跨文化交际的文化敏感性。

在阅读教学和听说教学中破解干扰交际的文化因素,包括:①社会准则:指人们交往中必须遵循的各种行为规范和语言使用规则,如怎样进行问候与道别、致谢与道歉、称赞及回应、约会与聚会、购物与就医等活动;②社会知识:指家庭各成员、同事、朋友、上下级之间的关系;③价值观念:包括与自然的关系、宗教观念、道德准则及人生观和世界观等,如西方社会强调的个人奋斗、独立性、隐私权等;④思维特征:指中西方思维特征的差异。

非语言文化也是干扰交际的文化因素,它包括手势、身体语言、服饰、音调高低、微笑、沉默、对时间与空间的不同观念等,都是文化的重要组成部分。因为非语言文化内容不太直观,是教学中容易忽略的方面。因此,在高校英语教材中涉及相关内容时,可进行系统讲述。例如,在学习《新视野高校英语》第一册第四课的"Body Language"一文时,教师可用图片或幻灯片甚至自身示范引导学生注意在不同文化背景下同一个手势语的不同含义,既能活跃课堂气氛,又能给学生留下深刻的印象,有助于拓宽学生的文化视野。

英语阅读理解是一个复杂的动态认知过程,也是英语教学中的重要组成部分。英语教师只有对影响这个过程的诸多因素加以科学的分析并以图式阅读理论为指导,采取针对性的英语阅读学习策略,加强对学生阅读技巧和跨文化交际能力的培养才能不断提高英语阅读教学的效果。语言和文化的关系极为复杂,特别是在高校的英语阅读教学中,文化及其导入是一个涉及面很广的问题。实践证明,在高校的英语阅读教学中的文化导入是非常必要的。在阅读教学中努力培养学生的文化意识、创设文化氛围,让学生了解文化差异、排除母语文化的干扰,建立起全新的文化模式,有助于学生了解和熟悉英语国家的社会文化背景知识、加深对英语阅读材料的理解和掌握,从而达到提高英语阅读教学水平的目的。

(三)积极挖掘文化词汇的丰富内涵

词汇是语言中最活跃、最有弹性的成分,也是文化载荷量最大的成分。语义学将词汇意义分为概念意义和文化意义。概念意义就是词汇的语言意义,文化意义则指词汇的感情色彩、风格意义和比喻意义等。在词汇教学中,教师除了应该向学生讲解词的概念意义外,还应努力发掘词的文化意义。从文化对比的角度,讲解同一词汇在两种文化中所具有的不同内涵时,特别要重视那些概念意义相同或相近而内涵意义差异较大的词,教师通过联系文化传统、民间传说、使用习惯和心理倾向来讲授词的搭配和交际用法。

中西文化是两种根本不同的文化,它们的渊源和发展道路各不相同,教师应该努力深挖教材内容,进行文化比较,及时点拨学生领会文化中的异同现象,以期在交际中养成得体的语言习惯。如在方位取向方面,由于思维方式不同,感知世界的方式也不同。不同民族的文化在对行为、事物、观念上的取向存在着广泛的差异。

(四)在听力教学中贯穿文化教学

听力涉及语言、认知、文化和社会知识等各种因素。国外有学者就听力理解的性质做了以下5点总结:一是辨认单词并记住与该单词相联系的意义;二是理解每一个单词是如何与语境发生相互作用并为邻近单词的意义创造语境的;理解一个句子中的哪些词语构成主语,哪些构成谓语,并理解指代成分所指称的人或物;三是既要理解每一个句子在局部上下文中的意义,也要理解该句子在整个语篇中的宏观意义;四是对语篇的理解涉及两个方面:一是根据语篇的局部语境所提供的知识和背景知识来理解语篇内容;二是对语篇中所暗含的人际、空间、时间、因果和意图关系做出推理;五是对于较长的语篇来说,应至少记住其大意;对于较短的语篇来说,应记住尽可能多的重要内容,特别是与说话者当前意图相关的内容。

影响听力理解的因素很多，主要包括：一是语言知识的障碍，如语音、语速、词汇和词法的障碍；二是文化背景障碍，即通常说的文化差异和文化空缺；三是听力习惯、心理因素及外部环境等障碍。

语言知识中的语音、词汇、语法及说话者的语速固然是影响听力理解的重要因素，但是听者在理解话语意思时，仅仅运用目的语本身的知识是不够的，还必须运用相关的文化背景知识和交际文化知识才能真正听懂并理解所听内容。

一段听力理解中有这样的句子："When you are down, you are not necessarily out."这原是一句拳击术语，在拳击比赛中拳击手若被对方击倒，裁判数到10还不能起来则被判输。但在很多情况下不等裁判数到10，倒地的拳击手便能爬起来再战。因此，这句话的表层意思是：当你被人击倒，并不意味着输了这场比赛。其寓意为：当你遇到挫折，并不一定丧失了成功的机会。许多学生却对其含义不甚了解，原因是不了解这句话的文化背景。

在英语听力教学中，由于缺乏相关文化背景知识而发生误解的听力教学实例屡见不鲜，而本土文化与第二语言文化间的差异及第二语言文化空缺也影响和制约学生听力理解水平的提高。克服由文化差异与文化空缺构成的听力理解障碍难于由语音、词汇、语法等语言本身构成的听力障碍。由此可见，听力理解过程也是对学生的第二语言文化知识的检验过程，而了解并积累目的语文化知识对提高听力理解能力是十分重要、必不可少的。

语言交际是信息交换的过程，在这一过程中，交换的信息在一定的情景中往往被赋予特定的意义。在跨文化语言交际中，当信息发出者与信息接收者分属于不同文化环境时，传递及接收信息就可能会出现偏差，从而造成跨文化语言交际失误。

根据听力理解理论，听者在接收到听力信息后，会在脑中寻找与所听信息相关的常规关系，以便寻找当前语境下最可能和最适合的含义。但由于没有共同的生活经验，作为信息接收者一方的学生不能产生等值理解，不能恢复话语含义，造成语言交际的失败。这从理论上说明了文化空缺和文化差异是听力理解的重要障碍。

语言是文化的载体，语言又是文化的写照，语言和文化是密不可分的。因此，要掌握两种语言就必须掌握两种文化，跨越目的语的障碍，做到交际的得体和妥当。培养语言交际能力，最终体现为培养跨文化交际能力已在英语语言教学界达成共识。听力训练是英语学习的一个重要组成部分，是跨文化交际的一种方式。英语语言教学实践证明，学生在语言学习中的跨文化交际能力强弱取决于他们对目的语文化背景知识掌握的多少。

在教授文化时，Seelye 在 Teaching Culture 一书中提出了旨在提高学生跨文化交际技能的 7 大交际目标，并将其与五大实际教学原则相结合。书中提到的 7 大交际目标为：一是使学生逐渐意识到人们的行为无不受到有关文化的影响；二是使学生逐渐意识到人们的言行受到诸如年龄、性别、社会阶层、居住环境等可变因素的影响；三是使学生进一步了解目标语文化在通常情况下的常规行为；四是提高学生用实例对目标语文化进行评价并加以完善的理解；五是增强学生对目标语中词及词组在文化内涵上的了解；六是使学生具有必要的查获及整理有关目标语文化信息的技巧；七是激发学生对目标语文化的求知欲并鼓励他们与生活在该文化中的人们有所共鸣。

在听力教学过程中，教师应充分利用听力课的有声材料，通过生动、形象、逼真的描述及绘声绘色的对话等让学生仔细体会一个民族的文化，利用一些涉及民族、政治、经济、法律、宗教、教育、文艺等方面的专题材料，不失时机地向学生一一介绍。教师可以选择在目的语中具有代表性的一些文化点，帮助学生分辨目的语文化与本国文化的异同，并让学生将目的语文化与本国文化加以对比，从而更深刻地了解目的语文化，激发学生去寻找两种文化价值观的历史解释。另外，布置学生课前阅读相关背景知识的资料，这样既帮助他们克服听力理解上的障碍，所听的材料又巩固了课前了解的知识，加深了印象。总之，文化背景知识的传授应渗透到语言教学的各个环节。传统的同理教学方法只把教学重点放在听力技巧上，忽视听力训练中的文化知识传授。事实证明，只有在听力训练中适时、适量、适度地加入文化背景知识，把听力学习作为学习目的语文化的一部分，听力教学的意义才会深化。

所以，在听力教学中，教师要有意识、有针对性地介绍文化背景知识，以便引起学生对听力这一相对枯燥课型的兴趣，提高学生练习听力的积极性，最终提高学生在目的语文化中得体地运用英语和外国人交际的能力。听力教师不能只作录音设备的播放员，当教学内容涉及文化时，教师应注意文化现象的讲解，让学生在平时的学习中积累文化背景、社会习俗等方面的知识，这样学生的听力理解水平才能在一点一滴的积累过程中不断提高。

文化渗透的方法有以下3种。①词义挖掘法：在学生掌握词语概念意义的基础上，需帮助学生挖掘词汇内部的文化因素。两种语言中完全对等的词较少，表面对应的词可能表达不同的文化心理，引起不同的联想。因此，在讲解词汇时应注意挖掘词义中的文化内涵，帮助学生准确地理解、恰当地使用词语。②语法提示法：在进行语法教学时，把英语文化对语法的影响融入教学之中，提醒学生注意具有英语文化特点的语法现象。③翻译对比法：在进行翻译练习时，将那些突出反映英语文化特征的词汇、习语、句式、篇章结构、文体风格等语言项目提取出来，与母语进行对比，了解它们的特征和异同所在，选择最佳的对应方式，避免翻译中的中国式英语。

英语文化和汉语文化有共同之处，但在语码、含义和应用上也存在很大差异。这些差异体现在以下5个方面：①语码空缺：一种语言文化中的语码在另外一种语言文化中没有对应的编码，如英语中的"motel""hippies"，汉语中的"惊蛰""阴阳""八卦"等；②语码的文化意义的不等值：有的语汇在两种语言中的指示意义相同，但文化含义却大相径庭，如有关各种颜色和动物等形象的短语及手势语言等在两种文化中的象征意义就相去甚远；③语码形式上类似，但文化意义不同：英汉两种语言中有一些貌合神离的语汇，如"busboy（餐馆中收拾碗碟、擦桌子的杂工）"不等于公共汽车售票员；"to make one's hair stand on end（令人毛骨悚然）"不等于令人发指；"eat one's own words（收回说过的话）"不等于自食其言等；④文化意义相同，但语码却不同：如"spring up like mushroom（雨后春笋）""as poor as a church mouse（一贫如洗）""spend money like water（挥金如土）"等；⑤语码和含义相同，但应用不同：如一些礼貌语、客套话，如"How are you？""Where are you going？"等。

在语篇分析的同时，教师应指导学生加强文化对比，了解英语和汉语文化的共性和个性，同时指导学生在跨文化交流时进行语码的正确解码、转换、释义补偿等。

参考文献

[1] 任彦卿.基于移动学习系统的大学英语教学研究[M].长春:吉林人民出版社,2019.

[2] 陈丹.对分课堂在大学英语教学中的应用[M].北京:中国商务出版社,2019.

[3] 吕文丽,庞志芬,赵欣敏.信息化时代下的大学英语教学改革探索[M].长春:吉林大学出版社,2019.

[4] 窦国宁.创客教育理念下的大学英语教学理论与实践[M].北京:企业管理出版社,2019.

[5] 宋玉萍,林丹卉,陈宏.图式理论指导下的大学英语教学研究[M].北京:知识产权出版社有限责任公司,2019.

[6] 刘俊杰.新媒体与大学英语教学的融合及应用探究[M].北京:北京工业大学出版社,2019.

[7] 杨雪飞.多元文化视域下的大学英语教学研究[M].北京:北京理工大学出版社,2019.

[8] 史利红.大学英语教学中学习拖延问题研究[M].北京:北京理工大学出版社有限责任公司,2019.

[9] 苑丽英.互联网+视域下大学英语教学的创新探索[M].长春:吉林人民出版社,2019.

[10] 张乐平."互联网+"时代背景下大学英语教学改革与发展研究[M].长春:吉林大学出版社,2019.

[11] 朱婧,焦玉彦,唐菁蔚.大学英语多元互动教学模式研究[M].长春:吉林大学出版社,2019.

[12] 扈玉婷.大学英语生态化写作教学研究[M].北京:北京理工大学出版社,2019.

[13] 李晓玲.大学英语教学方法研究[M].西安:陕西科学技术出版社,2020.

[14] 孙琳.大学英语教学设计与有效教学[M].长春:吉林大学出版社,2020.

[15] 魏微.大学英语教学基础理论与实践研究[M].长春:吉林人民出版社,2020.

[16] 周保群.大学英语教学模式与课程建设研究[M].重庆:重庆大学出版社,2020.

[17] 邝增乾.大学英语教学的情感因素研究[M].长春:吉林人民出版社,2020.

[18] 张献.大学英语教学理论及实践应用[M].武汉:中国地质大学出版社,2020.

[19] 冯建平.新时代大学英语教学研究[M].长春:吉林大学出版社,2020.

[20] 朱飞.大学英语教学中的翻转课堂[M].长春:吉林大学出版社,2020.

[21] 沈红.基于在线课程平台的高校英语混合式教学模式研究[M].北京:中国商业出版社,2021.

[22] 徐琴.新时代高校英语教学模式创新研究[M].北京:北京工业大学出版社,2021.

[23] 李媛莹.基于多种教学模式的高校英语教学研究[M].北京:经济科学出版社,2021.

[24] 刘蕊.教育生态化视角下高校英语教学创新研究[M].长春:吉林出版集团股份有限公司,2021.

[25] 张迎春."互联网+"背景下高校英语教学创新研究[M].北京:中国原子能出版社,2021.

[26] 胡宝菊.新时期高校英语口语教学研究[M].长春:吉林出版集团股份有限公司,2021.

[27] 唐敬伟.应用型高校大学英语课程教学研究[M].北京:人民交通出版社股份有限公司,2021.

[28] 康洁平.信息化背景下高校英语混合式教学模式探索与应用[M].北京:中

国书籍出版社,2021.

[29] 富婷,曹景凯,赵品一.课程思政与英语教学研究[M].成都:电子科技大学出版社,2021.

[30] 夏丹.文化与英语教学研究[M].北京:中国纺织出版社有限公司,2021.